유옥현 글

항상 함께

Q 쿰란출판사

항상 함께

들어가는 말

내가 결혼해서 처음 시어머님께 받은 선물은 성경과 찬송가입니다. 지금처럼 세련된 가죽표지의 성경 찬송 합본이 아닌 검정색 마분지 표지에 크기도 각각 다른 책 두 권을 주시면서 "이 책 들고 주일에는 교회에 가는 것이 내 부탁이다"라고 하셨습니다.

나는 별로 순종적이지도 꾸준하지도 않은 사람인데 어머님의 그 부탁을 지금까지 단 한 번도 어기지 않았습니다.

한글을 모르는 우리 어머님이 성경책은 글자 하나 틀리지 않고 읽으시는 것과 매사에 끈기 없는 내가 교회 출석을 평생 하고 있는 것이 신기한 일입니다. 뿐만 아니라, 믿지 않았던 우리 친정 식구 모두가 교회에 다니게 되었습니다.

내가 교회를 다니면서 배우고 깨달아서 안심이 되는 것은, 내가 피조물이라는 사실입니다. 나를 만드신 분이 계시니 고쳐 주시기도 하시리라는 생각에서요.

남들이 지적하지 않아도 결함이 많고 행동에 실수가 많은 나를 나 자신이 잘 알고 있습니다. 아침에 품은 뜻이 저녁 때까지 가지 못하고, 생각은 태산 같다가 또 실천은 흐지부지해서 성공하는 일이 적었습니다. 추위도 더위도 배고픔도 참지 못합니다. 참을성도 없습니다. 입으로 드러낼 수 없는 연약함과 온갖 죄성은 나를 지으신 분이 해결해 주셔야 합니다. 나는 나를 어찌할 수가 없습니다. 그분을 믿어야 해결된다는 것을 교회에서 배울 수 있었습니다.

나를 구원해 주시려고 자신의 몸으로 세우시고 부르신 곳이 교회입니다. 믿음을 주시고 그 믿음이 자라게도 해 주셨습니다.

사람들이 묻겠지요. "교회만 다니면 답니까?"

"답니다." 나는 이렇게 대답할 것입니다.

여기서 나는 거룩하신 하나님을 아버지라 부르면서 온갖 사소한 내 일상사를 부탁드리면 그분은 듣고 도와주셨습니다. 나뿐만 아니라 내 주변에서도 체험한 것을 보고 느꼈습니다. 나는 이런 저런 이야기를 통해서 은혜를 나누고 싶었습니다.

창조주 아버지께 감사를 드립니다. 그분의 몸이신 교회와 그 지체들을 통해서 영광을 받으시기를 소원합니다.

부족한 어미인 저에게 딸 셋을 주셔서 기르는 기쁨을 주셨고, 성장해서 각각 이루어 가는 것도 보게 해주신 은혜를 감사합니다. 표지 일러스트를 그려주신 색채학 박사 최유집 교수님께 감사합니다. 또 기도와 격려로 도와주신 아름다운 분들 모두가 나의 하나님 아버지의 크신 은혜입니다.

2020년 1월

유 옥 현

목차

Contents

004　들어가는 말

1부/ 항상 함께_ 산문

공원에서 10 / 그 향기와 그 맑음이 14
나는 내 어머니를… 19 / 내가 드릴 말씀 25
내 하루의 시작 28 / "네가 한 것 아녀!" 32
네 마음대로 37 / 뒤통수에 생긴 혹 42
딸네 강아지 47 / 마음의 색깔 53 / 명절날 59
밤바다에는 어둠을 비춰주는 별들이 빛나고 64
베드로 통곡교회 앞에서 71 / 비싸게 산 군걱정 79
사람들이 모인 곳 85 / 사방이 막히면 위를 보라 88
사람을 의지할 때 91 / 사람 노릇 96
생각대로 하시와요 104 / 선물 108
세 겹 줄 112 / 소음 속에서 119
손자, 선교원에 처음 간 날 124 / 쓰라린 만남 128
신발이라도 데리고 갑니다 134

어둠이 짙어지기 전에 140

오늘, 이 존엄함에 146 / 은은한 멋 151

은총의 표적 156 / 은혜 161

이루지 않아도 달콤하다 165 / 친구의 친구 169

인상이 좋다는 것 173 / 잡힌 손 179

지지 않은 꽃 184 / 집중 188 / 책 읽는 행복 193

추억 200 / 키 큰 내 아버지 204

항상 함께, 삶을 열어주는 그 약속 210 / 희망 215

2부/ 삶을 열어주는 그 약속_ 시

은총 222 / 내가 나에게 224 / 교회 226

주님께 나오면 228 / 봄, 그리고 가을 230 / 소원 232

우리 함께 234 / 손자 236

1부
/

항상 함께

산문

공원에서

 운동 좀 해볼까 해서 옆으로 다가갔다. 내가 점찍어 놓은 운동기구에 혈색 좋고 배가 나온 영감님이 매달려 있다.
 "이리 온나."
 위협적인 큰 목소리에 웬 아이를 부르는가 했더니 조그만 할머니가 "예" 하고 공손히 불려온다.
 "니 저것 한번 타봐라."
 내가 다시 오르려던 옆 기구에 자기 마누라를 태운다.
 "예."
 쪼그라들어서 왜소하기 짝이 없는 할머니와 덩치 큰 영감님 부부 때문에 기구 사용을 포기했다. 내가 돌아서자 "아지매요" 영감님이 큰소리로 나를 불러 세운다.
 "그 신발 어디서 샀능기요?"

아침에 신고 나온, 무지 편한 내 신발을 가리키며 묻는다.
"미국에서요."
생각지도 않았던 말이 튀어나왔다. 막내딸이 물놀이하다 벗어 놓고 가면서 버려도 상관없다는 중국산 샌들이다. 상한 마음의 표현이 엉뚱한 거짓말이 되어 나온 것이다. 필요 없는 적대감의 발로다. 모르는 사람에게 불쾌감을 드러낸 나도 기분이 썩 좋지는 않았다.
혈색 좋고 배가 나온 남편의 위협적인 반말과 그에 따르는 그 부인의 기는 듯한 순종이 나와 무슨 상관이 있는가. 감정의 낭비다. 나 나름으로는 정의감이라고 여기는데, 남들 일에 상관 잘하는 딸들 표현대로 오지랖이 넓은 것이리라.

나는 새벽 일찍 교회에서 새벽예배를 드리고 나온 몸이다. 온갖 소원을 다 아뢰었다. 오늘 하루 사는 동안 생각이나 말로 하나님을 기쁘게 해드리려는 마음도 가졌다.
기도로 시작했으니 몸도 건강하게 관리하기로 하고 지하철까지 타고 대공원으로 나왔다. 그런데 이른 시간이라 쉽게 차지할 줄 알았던 운동기구를 나보다 먼저 차지한 것도 마땅치 않은 터에 명령하는 투로 자신의 마누라를 불러서 앉히는 것이다. 더구나 일면식도 없는 나를 큰소리로 불러서 내 신발을 어디서 샀느냐고 묻는다. 나는 매우 불친절한 말투로 미국에서 샀노라고 거짓말을 했다. 사소한 일에 양심이 찔리는 일을 한 것이다.

나는 기독교 방송에서 들은 고 옥한흠 목사님의 말씀이 생각났다.

"내가 진실로 너희에게 이르노니 누구든지 이 산더러 들리어 바다에 던져지라 하며 그 말하는 것이 이루어질 줄 믿고 마음에 의심하지 아니하면 그대로 되리라 그러므로 내가 너희에게 말하노니 무엇이든지 기도하고 구하는 것은 받은 줄로 믿으라 그리하면 너희에게 그대로 되리라"(막 11:23-24).

이 말씀대로 기도하고 구하면 얻는다는 설교는 나에게 힘이 되었다. 문제는 믿고 의심하지 않아야 한다는 것이다. 믿음이 약해지면 안 되는데 우리의 믿음은 약해지기 쉽다. 양심의 가책을 받으면 자꾸 마음이 약해지고, 마음이 약해지면 믿음도 흔들려서 결국 약해진다. 목사님은 우리가 살면서 양심의 가책 받을 일을 해서는 안 되는 이유를 쉽게 가르쳐 주었다.

나는 사소한 일에 쉽게도 양심의 가책을 자초했다. 나보다 먼저 와서 운동기구를 차지한 것과 자기 부인에게 억압적으로 대한 것이 뭐가 그리 대단해서 처음 대하는 사람에게 불친절한 말투와 거짓말까지 했는가. '나는 참 멀고도 멀었다'고 자책하면서 운동하는 것에도 의미가 없어져서 지하철을 타고 집으로 돌아왔다.

그 향기와 그 맑음이

늦은 저녁 시간에 핸드폰이 울렸다. 의경으로 군복무 중인 외손자 윤호다. "할머니, 시간 있으세요?" 늘 하는 질문이다. 시간으로 말하면 군대에 있는 저가 없지 늙은 내가 없겠는가. 그러나 윤호는 늘 이렇게 말하면서 외출로 얻은 소중한 시간을 나와 더불어 지내고자 하니, 제 이모들 말대로 기특하다.

어버이날을 맞아서 우리 교회인 방배 4동에서 효잔치를 하는데 참석해 주기를 바라는 복지사의 문자도 있고, 마침 속회 예배도 계획된 날이라 예배 시간을 당겨서 우리 속회원들이 전원 참석하기로 하고 예배를 일찍 드렸다.

10시 반쯤에 교회 3층으로 올라갔더니 우리 교회인데 낯선 사람들이 반갑게 맞아 준다. 습관대로 앞자리로 찾아가자, 내 옆의 권사가 말린다. 빨리 나가야 하니까 뒷자리로 가자고 했다. 맞는 말이라 여기고 우리는 뒤에다 자리를 잡았다. 사람들이 뒷자리부터 앉기 시작하고, 파란색 유니폼을 입은 날씬한 여성이 뒤에서부터 명함을 돌리고 다녔다. 눈에 익은 서초 갑 지역위원장 이정근이라는 더불어민주당 정치인이다.

언젠가 아는 이의 집에서 홍콩 영화 제목과 같은 《화양연화》라는 책이 눈에 띄어 펼쳐 본 적이 있었다. 스마트폰 펜으로 그린 삽화가 재미있고 글이 색달라서 끝까지 읽은 적이 있었는데 바로 그 저자가 아닌가. 내게로 다가와서 책 이야기를 하자 반색을 하고 비서로 보이는 젊은 남성을 불러서 내 전화번호를 적어 갔다.

순간 '글 솜씨, 그림 솜씨, 인물도 아름다운 사람이 웬 정치판에 뛰어들어 저 고생을 하나' 안쓰러운 생각이 들었다. 인간은 사회적인 존재이기 때문이리라. 책에서 보니 낙선의 쓰라림도 겪은 사람이다. 내가 얼굴이 아름답다고 칭찬하자 홍조를 띠며 고맙다면서 재빨리 지나간다.

뒷줄에 앉은 덕에 쉽게 엘리베이터를 타고 지하 3층 교회식당으로 내려왔다. 우리 교인들이 아닌 낯선 부인들이 음식을 차려놓고 서빙을 한다. 닭죽에 오이김치, 배추겉절이, 풋고추된장무침, 수박에 절편. 깔끔하다. 나는 윤호와의 약속이 있어서 마음이 급해 먼저 먹고 일어섰다. 우리 집 문 번호를 알려 주기는 했으나 번호 키의 첫 부분이 문자가 아니고 부호인데 아이가 혼란스러웠으리라 생각되어 마음이 급했다.

급하게 문을 열고 들어가자 운동화가 보인다. 부대에서 나와 헌혈을 하고 왔다는데 빨리도 왔다. 외식하기로 했는데 마침 산나물이 생겨서 집밥을 먹자고 했더니 손자가 좋아한다. 나는 준비해 둔 강원도 치악산 취나물, 쑥국, 두릅 등 봄나물로 밥상을 차렸다. 삶은 족발과 오징어채 볶음도 있어서 빨강, 초록 색깔이 좋았다.

음식 맛이 깊다고 하면서 맛있게 먹어 주는 손자. 언젠가 부대에서의 음식을 묻자, 부대 안 음식은 좋지만 밖에서 근무를 설 때가 많은데 그때 먹는 음식이 주로 고기와 기름기 많은 튀김 종류라 좋지 않다고 했다. 먹는 기준이 많이 변했다. 어려서는 고기가 아니면 밥을 먹지 않던 아이가 청년이 되니 야채와 나물 무침을 좋아하게 되었다. 그만큼 우리나라의 식생활이 건강 중심으로 변해 가고 있는 것 같다. 결국에는 풀을 많이 먹던 우리 조상들이 지혜로웠다.

점심 식사 후에 손자는 성균관대학교 앞 '풀무질'이라는 서점에 가보자고 했다. 주인이 특별한 사람으로 사회과학 도서를 중심으로 팔다가 군사정권 시대에 핍박도 당한 적이 있는데, 대학생들의 의식에 많은 영향을 준 것 같았다. 결국 돈은 벌지 못하고 6월이면 제주도로 옮긴다고 했으니 떠나기 전에 만나보고 책 구경도 하잔다.

지하철 4호선을 타고 혜화역에서 내렸다. 서울대병원에는 몇 번 온 적이 있는 혜화동 거리는, 젊은이들이 넘쳐나는 바로 그 대학로였다. 오전에는 노인들이 가득한 행사장에 앉아서 닭죽과 수박을 얻어먹었는데, 오후에는 많은 젊은이들과 섞여서 성균관대학교 앞으로 가는 마을버스를 기다리고 서 있다. 윤호가 빌려준 책의 저자인 서점 주인이 6월이면 서울을 뜬다고 해서 찾아가고 있는 중이다.

풀무질이란 이름의 서점은 대학교 앞 건물의 지하에 있었다. 이사 준비를 하는 듯 한산한 느낌이 들었다. 주인은 바쁜지 자신이 책에 서명까지 해주었던 청년이 할머니를 데리고 왔어도 무심하게 대한다.

우리는 구석 자리에 있는 의자에 앉았다. 나는 앞에 있는 서가에 있는 책을 훑어보았다. 교육에 관한 책과 동화책이 있어서 다리도 아프고 하여 아주 자리를 잡고 자세히 보니 이오덕 선생과 권정생 선생의 책이 시리즈로 나와서 꽂혀 있었다.

다른 서점에서는 볼 수 없던 책들이었다. 이오덕 선생님은 교육자, 권정생 선생님은 동화작가로, 두 분은 세상에 보기 드문 진실하고 아름다운 글을 쓰시는 분들이다.

나는《살구꽃 봉오리를 보니 눈물이 납니다》란 제목의 책을 골랐다. 두 분 선생이 주고받은 편지였다.《강아지 똥》이란 작품을 비롯하여 작고 보잘것없는 사람들에 대한 애정과 역사의식이 또렷한 명작을 남긴 권정생 선생이 세상에 알려진 데에는 진실하고 정직한 이오덕 선생의 보살핌이 있었음을 알게 되었다.

두 분 편지가 담긴 책을 골라서 들고 나오는데, 그제야 책방 주인이 윤호를 알아보고 인사를 나눈다. 자세히 보니 그 얼굴이 순진한 어린아이와 같다. 표정과 피부가 맑고 고왔다. 우리 손자 역시 비슷했다. 세상을 향한 끊임없는 선한 시선과 뜻을 간직한 사람들이 우리들 속에 있다는 것을 다시 볼 수 있어서 좋았다.

나의 하루, 오전 오후에 나이 들고 젊은 많은 사람들 속에 따뜻한 마음과 애정이 넘치는 향기가 있음으로 해서 세상은 아직 무너지지 않고 살 만한 게 아닌가.

나는 내 어머니를…

지하철 환승역에서 내리면 너도 나도 발걸음이 빨라진다. 덩달아서 나도 바삐 걷고 있는데, 내 옆에 있는 어떤 사람의 박박 깎은 머리가 보인다. 여자인지 남자인지 분간을 할 수 없는데 뒤로 처지는 걸 보아서 나이 든 노인 같았고, 머리통이 자그마하고 동그란 모습이 여자 노인이다. 나는 뒤돌아보았다. 치매를 앓다가 돌아가신 어머니의 모습이 떠올라서다.

어릴 때 나의 어머니는 나의 자랑거리였다. 일제 강점기에 각 도에서 하나씩 뽑혀 잠업 전문 교육을 받은 신여성이었다. 어머니의 앨범에 있는 사진 중에서 구두를 신고, 파라솔을 들고 어깨동무를 하고 찍은 것이 특히 멋졌다. 기숙사의 친구들이라는데 일본인도 섞여 있다고 했다. 나는 그 사진에서 어머니가 가장 예뻐 보여서 우리 집에 오는 사람들에게 늘 자랑했다. 그때의 활짝 웃고 있는 어머니의 모습은 평상시에는 볼 수 없는 얼굴이었다.

우리 아버지는 어머니를 매우 존중하고 어려워했는데, 웬일인지 집을 나가서 소식이 없었다. 어머니는 아버지가 없어도 할아버지와 나 이렇게 셋이, 도청 소속인 잠업 지도자로 근무하면서 아버지를 기다리며 살았다. 꽤 오랫동안 아버지는 돌아오지 않았다.

어머니는 만주에서 아버지를 보았다는 사람의 말을 듣고 날 데리고 할아버지와 함께 만주까지 찾아갔으나 아버지를 만나지 못했다. 일본으로 갔다는 말을 듣고는 또 일본까지 찾아갔단다. 어릴 때의 일이라 생각은 잘 안 나지만, 일본도 어려운 때라 어머니는 일본에서도 친구와의 약속시간을 정하고서 몇 시간 앞질러가서야 마음에 드는 내 원피스를 살 수 있었다고 말한 기억이 난다.

해방이 되자 우리 세 식구는 배를 타고 현해탄을 건너왔다.

아버지는 여전히 돌아오지 않았다. 우리 할아버지는 한문과 여러 가지 박식함을 바탕으로 시골에서 약방을 열었다. 병이 잘 낫는지 찾아오는 사람들이 많았다.

할아버지는 나라는 남북으로 갈라지고, 아들의 생사도 모르게 되니 며느리에게 재가를 권하기도 하셨단다. 손녀는 당신이 기를 테니 새로운 삶을 찾아 떠나라고 했으나 어머니는 나만 믿고 살겠다고 했단다.

우리 어머니는 잘 웃지 않았고, 나에게 매우 엄했다. 툭하면 "제 애비 닮아서" 이런 말로 나를 나무라서, 나는 우리 아버지가 세상에서 제일 나쁜 사람인 줄 알았다.

어머니는 남편 없는 집에서 어른 모시고 사는 처지라, 마음을 제대로 드러낼 수 없음으로 어린 내가 어머니의 모든 기대인 동시에 화풀이의 대상이었으리라. 어머니는 자신이 늘 뽑히는 존재였기에 딸인 나에게도 그것을 강요했다. 나는 어머니의 실망과 꾸중이 무서워서 때로는 거짓말도 하고 부정직을 행동으로 옮기기도 했다.

초등학교 때인가. 내가 우리 반에서 공부를 일등한다고 어머니에게 말해 왔는데 성적표는 그것이 아니었다. 나는 성적표에 쓰여 있는 등수를 고치기로 마음먹고, 침을 발라서 살살 지우다가 여의치 않아서 힘을 조금 주어 문질렀다. 그런데 등수가 쓰여 있는 부분이 나의 침에 밀리고 밀려서 구멍이 나버렸다. 나는 어머니가 무서워서 집에 들어가지 못하고 어두워질 때까지 집 근처를 뺑뺑 돌았다.

할아버지가 나를 찾아내시며 "사람 노릇 할 아한테 너무 그러지 마라" 하셔서 무사히 넘어갔다.

그 후 아버지가 기적처럼 우리 앞에 나타났다. 군용 담요를 걸치고서 38선을 넘어왔단다. 아버지는 쾌활하고 친절해서 사람을 재미있고 기쁘게 해주는 사람이었다. 어머니가 평소에 내 잘못을 지적할 때마다 쓰는 "제 애비 닮아서"라는 말이 암시하는 그런 나쁜 사람이 아니었다. 남들로부터 사람이 좋고 인물도 좋다는 평을 들었다.

우리 아버지는 어디든 나를 데리고 다니기를 좋아했고, 내가 좋아하는 것은 다 사주었는데 특히 만화책이나 소년 잡지를 잘 사주었다.

아버지가 돌아온 후 몇 년 안 되어 남동생이 생겼다.

나는 무남독녀 외딸이라는 귀하고 부담스러운 처지에서 놓여났으나 어머니의 기대에서는 벗어날 수가 없었다. 어머니는 그 시대에 내가 의사가 되기를 소원했다. 여의사라니, 의욕도 능력도 없는 나 아닌가. 나는 호인인 아버지가 하라는 대로 비교적 편하게 공부하는 길을 택했다. 그때 어머니의 소원대로 내가 노력했다면 할아버지가 기대하시던 사람 노릇을 제대로 하지 않았을까.

어머니는 내 남동생을 위해서도 공을 들였는데, 우리 집에서는 절에서 나온 삭발한 여인들을 자주 볼 수 있었다. 동생은 얌전한 성품에 공부도 제법 해서 대학 졸업하고 취직도 하고 결혼도 했는데, 무슨 바람이 어디서 불었는지 사업을 한다고 나서더니 할아버지 몫의 토지가 아버지에게 오기도 전에 처리해 버리고 집을 나가 버렸다. 집 나간 내 동생은 아버지보다 더 우리를 오래 기다리게 했다. 제 아내와 제 아이들 셋까지 얹어서.

그때부터 나의 부모님은 모든 것을 포기한 끝에 시어머님 권유로 예수를 믿게 되었다. 아버지는 예수님 안에서 목사님과 교인들의 사랑을 많이 받으면서 하늘나라에 가셨지만, 나의 어머니의 기다림과 고생은 계속되었다.

가장의 역할을 분담하려는 출가외인이라 칭하는 딸에 대한 미안한 생각에다가, 안쓰러운 동생 가족들을 돌보아야 했기에, 내 어머니가 매달릴 곳은 하나님 한 분뿐이었다. 그래서 유일한 위안처, 기쁨을 누릴 곳을 교회로 여기면서 살았다.

온 가족이 하나님께 예배드리게 했고, 특히 손녀 손자들에게 성경 말씀을 배우고 외우도록 했는데, 이 엄한 교육이 훗날 믿음 좋은 의사를 길러내게 되었다. 딸에 대한 기대는 이루어지지 않았으나 손녀는 어머니의 바람대로 이름난 의과대학의 교수가 되었다.

나는 사람이 오래 살면 거의 치매를 앓을 것으로 여겼는데, 내 주위의 노인 중에는 아주 생생한 정신으로 잘 지내다가 자식들의 효도를 받고 하늘나라에 가는 것을 보았다. 내 어머니는 고생하고 기다린 평생에 보답도 받지 못했는데 말이다. 치매는 어머니를 어머니로 여겨지지 않게 했고, 내가 어머니의 사랑을 배신한 쓰라린 상처를 늘 기억하며 살게 한다.

내가 드릴 말씀

 가을로 접어들었는데, 그 집 담장 위의 호박 넝쿨에는 새로운 잎이 자꾸만 생겨났다. 호박나무도 열매를 맺고 싶은 다급함에서인지 초록색이 짙어가는 무성한 잎들 외에도 연한 새잎을 자꾸 내놓았다. 나는 발걸음을 멈추고 잎들을 자세히 들여다본다. 연한 호박잎을 보면 뜯고 싶은 마음이 여전하다.
 '살짝 데쳐서 강된장에 쌈을 싸먹으면 맛있겠네.'
 사라지지 않는 이 탐심.

 내가 손자를 맡아 기를 때였다. 온종일 아기를 돌보자니 집 안에서만 있을 수 없어서 바로 집 뒤에 있는 뒷동산에 자주 올라갔다. 날씨가 좋은 날엔 아기를 업고 걸으면서 달려도 보고 운동기구에 매달리기도 하고, 시간 보내기가 좋아서다. 아기가 너무 어려서 내려놓을 수가 없어서 주로 업고 다녔는데, 산에는 나무와 풀꽃 이외에 버섯 같은 것도 눈에 띄었고, 누군가 심어 놓은 잘 자란 호박 넝쿨도 많이 있었다. 열매는 안 보이고 연한 호박잎은 많이도 달려서 나를 유혹했다. '몇 잎 딸까' 하는데 등에 업힌 아기가 꿈틀하면서 따뜻한 체온이 느껴짐과 동시에 '아기의 목전에서 남의 것에 손을 대면 안 돼' 하고 내민 손이 부끄러워 그 자리를 빨리 떴다. 말 못하는 아기의 존재가 탐심에서 나를 떼어놓았다.

그 아기가 자라서 대학생이 되었다. 그 애들이 살고 있는 아파트 단지는 조경이 잘되어서 봄에는 꽃, 여름엔 나무 그늘, 가을이 되니 색색으로 물들어가는 나뭇잎과 이름 모를 작은 열매들이 빨갛게 익으면서 나무에 매달린 모습이 꽃보다 더 어여뻤다. 손자와 둘이서 걷다가 내가 "저거 한 가지 꺾어갈까?" 했더니 "허가 나지 않은 물건을 채취하는 것은 절도에 해당됩니다"라고 말했다. 아기 때는 등에 매달린 존재로서 나를 말리더니, 이제는 공의를 기초로 한 지적인 대화로 나를 말린다. 아이는 자랐고, 내 탐심은 여전하다.

수십 년 전 교회 부흥집회에서 부흥사 목사님이 "새벽에 교회에 나온 사람이 나오면서 남의 집 호박 한 개를 뚝 따가지고 가는 사람도 있어요" 해서 "그럴 리가?" 하고 웃었는데 그 사람과 내가 다를 게 없다. 다만 실행하지 않고 멈추고 들여다보고 있는 그 차이뿐이다. 언제 탐심이 발동하여 호박잎을 한 주먹씩 따거나 고운 열매의 가지를 뚝 분질러 가질지 나는 모른다. 이렇게 작아 보이는 탐심을 이겨내지 못하면 이것 또한 자라리라. 되풀이되고 쌓이면 약물에 내성이 생겨 치료가 안 되는 것처럼, 혹은 지경이 넓어져서 봉합을 못하는 사태까지 갈 수 있지 않을까.

요즘 사회에 물의를 일으킨 교계의 유명 인사들을 보면서 나는 감히 소리 내어 말은 못해도 느끼고는 있다.
'작은 탐심에 거인들이 무너지고 있구나.'
약한 내가 하늘에 계신 아버지께 드릴 말씀은 "나를 도우소서. 불쌍히 여겨 주소서"뿐이다.

내 하루의 시작

새벽에 교회에 오면 하나님의 말씀을 쉽게 이해할 수 있다. 성경 말씀을 가르쳐 주니까. 성경은 구약이나 신약이나 사람 사는 이야기와 그들을 만드신 하나님의 이야기다. 먼 나라에 살았거나, 옛날 사람이거나, 지금의 나나 산다는 것은 별로 다를 것이 없다.

옛날 이스라엘 남북 왕조 때의 이야기다. 북왕국에 아합이라는 악한 임금이 있었다. 본인도 문제인데 이방나라 공주인 그 아내가 더욱 악독했다.
이런 일이 있었다. 왕은 왕궁 가까이에 있는 어느 백성의 포도밭이 탐이 나서 팔라고 졸라댔다. 포도밭 주인은 팔 수가 없는 처지라 거절했다. 왕은 욕심을 못 이룬 분노와 원망으로 머리를 싸매고 누웠는데, 왕비가 나서서 간단히 해결했다. 그 포도밭 주인에게 없는 죄를 뒤집어씌운 후 백성들 앞에서 정죄하고 돌로 쳐 죽이고 그 포도밭을 차지해 버린 것이다. 이런 아합의 마지막 모습이 나온다.

이후 그는 남왕국 왕을 꾀어내어 남북 연합군으로 적국을 치자고 한다. 사돈을 맺은 남왕국 왕 여호사밧은 이에 응했다. 두 왕이 나란히 전쟁터에 나갔다. 아합은 여호사밧에게는 왕복을 입으라 하고 자신은 변장을 하고 전쟁터로 들어갔다.

적군의 대장은 크고 작은 것 다 필요 없으니 왕만 찾아 공격하라고 명령한다. 적군은 왕복을 입은 여호사밧에게 달려들어 맹렬히 공격했다. 그때 여호사밧이 큰 소리로 하나님께 부르짖었더니 하나님께서 들으시고 적들을 물리치셨다. 그러나 아합은 한 병사가 무심코 쏜 화살에 맞았다. 화살에 맞은 채 늦게까지 싸우다가 그 자리에서 죽었다. 우연히 쏜 화살 하나로도 죽일 수 있는 분이 하나님이시라는 것을 성경은 가르쳐 주었다. 살고 죽는 것은 하나님께 있다.

"태초에 하나님이 천지를 창조하시니라"(창 1:1).

나는 이 말씀이 좋다. 안심이 된다. 내가 생각해도 나의 생각이나 행동이 마음에 들지 않는데, 나 같은 사람도 하나님이 만드셨다니 안심이 안 되겠나.

성경 속에 나오는 여호사밧 왕도 꽤나 어리석다. 악인 아합과 어울려 전쟁터에 나간 것 하며, 전장에 나가면서 아합이 왕복을 입으라 하니 왕복을 입은 것 하며, 아합은 교활하고 비겁하고 불량한 자인데 그가 하라는 대로 하다니. 여호사밧은 미련했다. 그러나 그는 적에게 둘러싸여 죽게 되었을 때 하나님을 큰 소리로 외쳐 불렀다. 하나님께 기도한 것이다. 하나님은 그 기도를 들으시고 그를 살려 주셨다.

기도는 이런 것이 아닌가.

나는 기도하기 위해서 새벽이면 교회로 온다. 남들은 잘도 하는 기도가 나는 잘 안 된다. 복잡한 생각이 한꺼번에 쏟아져서 입술을 통하지 못하고 말이 제대로 안 나온다.

"거룩하신 하나님, 전능하신 하나님."

이렇게 시작하는데 잡다한 생각이 말문을 막는다. 하고 싶은 말은 많은데, 온갖 생각이 한꺼번에 쏟아져 나와서 중언부언하고 만다. 이럴 때 배운 말씀이 나를 도와준다. 옛날이나 지금이나, 그가 왕이든 평민이든 다급할 때 하나님께 부르짖으면 변치 않으시는 하나님이 도와주시지 않던가.

그래, 나도 해보자. 평범한 일상 같아도 산다는 것은 평탄치가 않다. 천지를 만드신 분이 나도 만드셨으니 나의 사정을 정직하게 말씀드린다. 기도가 막힐 때는 찬송가도 따라 부른다. 찬송가는 은혜 받은 분들이 작사 작곡한 노래여서 공감이 되고 은혜가 된다. 찬송의 내용이 부러워서 눈물지을 때도 있다.

예를 들면, 찬송가 95장 2절 "나의 사모하는 선한 목자는 어느 꽃다운 동산에 양의 무리와 늘 함께 가셔서 기쁨을 함께하실까"를 부를 때이다.

이 찬송에서 선한 목자와 아름다운 꽃동산에 늘 함께 있는 양들이 부럽다. 꽃 속에서 사랑받는 이들은 눈처럼 깨끗할 것 아닌가. 그래서 나는 이렇게 기도드린다.

"나는 더러운 털이 뭉친 양입니다. 씻지 않으려고, 깎이지 않으려고 발버둥치는 성미 사나운 양입니다. 나를 지으신 분이여! 씻어 주시고 깎아 주실 때 참을 수 있게 해주십시오. 저도 그 꽃동산으로 데려가 주세요."

선한 목자, 꽃동산, 사랑받는 양 떼 속의 양인 미래의 나를 그리면서 나의 아침은 시작된다.

"네가 한 것 아녀!"

　방을 치우려고 창가로 가는데 무언가 내 팔을 가볍게 친다. "어?" 연한 잎새들만 있는 화분에서 나뭇가지 하나가 쑥 올라와서 내 몸에 부딪치는 게 아닌가. 들여다보니 이름도 잘 모르는 서양란이다. 인젠가 길가에 수북하게 놓고 싸게 팔기에 꽃 한 송이 값인 2천 원을 주고 샀다. 검정 비닐컵에 담긴 걸 사면서 "어떻게 하면 잘 기를 수 있어요?" 물었더니 "물만 안 주면 살아요. 물 주지 마쇼"라는 꽃장사의 말에 '희한하네. 식물이 필요한 게 물일 텐데, 아마 자주 주지 말라는 말이겠지' 생각하면서 집으로 돌아와서 비어 있던 큰 화분에 옮겨 심었다. 물 주지 말라는 말대로 물을 잘 안 주고 팽개치듯 놓아둔 그 서양란이다.

　다른 화초는 물을 자주 주니까 그때마다 만져 주기도 하고 비료도 가끔씩 주었다. 그러나 새로 사온 서양란은 잊어버리지 않을 만큼만 물을 주게 되니 손이 안 가고 자연히 관심 밖으로 밀렸다. 그 화초가 지금 힘차게 꽃가지를 뻗으며 진분홍 꽃송이를 방울방울 달고서 나를 툭 건드리는 게 아닌가.

정성도 안 들이고 꽃을 즐기게 되는 서양란, 나는 별 도움 없이도 잘 피어나고 있는 꽃을 보면서 내 조카를 생각했다. 하나뿐인 내 동생이 사업에 실패하자 집을 나가 버렸다. 올케가 나가서 일을 해야 했고, 내 친정어머니가 어린 조카들을 돌보았다. 성품이 좀 엄격한 편이어서 어린아이들에게도 늘 바른 말만 하니까 냉정해 보이는 할머니였다.

추운 날이었다. 그날도 우리 모녀가 걱정스런 대화를 나누고 있는데 "할머니, 나 상 탔어요. 성경암송대회에서 일등했어요" 하면서 어린 조카가 새빨개진 얼굴로 문을 열고 들어온다. 여자애가 장갑도 안 낀 빨간 손으로 노트와 색연필 몇 자루를 제 할머니 앞에 내놓았다. 달려왔는지 숨이 가쁘다.

어머니는 내게는 작은 목소리로 "내가 이 재미로 산다" 하시더니, 갑자기 엄숙한 표정을 지으며 꾸짖듯이 "네가 잘나서 상 탄 것 아녀!"라고 소리를 지른다. 조카는 조그만 소리로 "알아" 대답한다. "그럼 이건 누가 주신 거냐?" 재차 다그치자 "하나님이 주셨어요" 칭찬을 기대한 아이가 완전히 풀죽은 모습으로 힘없이 대답한다. 나는 안쓰러운 마음에 한 번 안아 주기만 하고 밖으로 나왔다.

'초등학교 1학년짜리가 신앙 교육 한번 엄하게 받네' 속으로 중얼거리면서.

어려움을 겪으면서 시간은 흘렀고 조카들은 자랐다. 조카는 아르바이트로 아이들 과외를 하면서 제 학비는 물론 생활비까지 내놓는단다. 공부를 잘한 편인 조카애가 명문 사립대학 자연학부에 진학했다. 잘되었다고 축하했는데, 1학기를 마치고는 휴학을 하고 의과대학을 가야겠다고 한다.

아르바이트까지 해야 하는 조카가 그 들어가기 힘든 대학을 그만두겠다고 하니 걱정이 되었다. 그것도 경쟁이 치열한 의과대학을 들어가겠다고. 입시 공부에 아르바이트를 계속하면서 교회는 또 열심히 다녔다. 무서운 할머니 때문인가. 다음 해에 서울대 의대에 합격했다는 연락에 나는 믿기지 않아서 같은 이름도 많으니 재차 확인해 보라고 했더니 "여기 합격증 받아왔는데?" 하면서 웃었다.

학교를 다니면서도 아르바이트를 계속했고, 교회에도 열심이었다. 방학 중에는 러시아 쪽 나라들 우즈베키스탄, 또 무슨 무슨 스탄이란 이름이 붙은 작은 나라로 선교를 다녔다. 신앙심 깊은 지도 교수님을 만나 경비를 보조받기도 하고, 선교와 전도하는 일에 열심이었던 조카는 졸업 후 모교에서 수련의에서부터 모든 과정을 마치고, 지금은 이름 있는 의과대학에 교수로 재직하고 있다.

전임으로 확정되었다는 소식을 전하러 온 조카가 나를 바라보고 "네가 잘해서 된 것 아녀!" 돌아가신 제 할머니의 목소리를 흉내 낸다. 내가 "알아" 하고 작은 목소리로 조카 흉내를 낸다. 그리고 다시 친정어머니의 엄숙한 목소리 흉내를 낸다. "그럼 누가 해주셨다고?" 조카가 어린애 목소리로 "하나님이 해주셨어요" 대답하며 웃음 반 눈물 반으로 기쁨을 나누며 손을 마주 잡았다.

대학교에 다니면서 조카가 내게 한 말이다.

"우리 과 애들 중 삼분의 일이 서울 부자 동네에 살아. 나같이 가난한 동네에 사는 아이들은 없는 것 같아."

대학에 가서도 체감할 수 있는 우리나라 교육 현실의 어두운 단면 아닌가.

"하지만 난 상관없어."

'그렇겠지, 너의 너 됨은 네 힘이 아니니까.' 나는 마음속으로 이렇게 대답했다.

'척박한 환경을 오히려 자양분 삼아 반듯하게 길러 주신 분에게 꼭 붙잡혀서 사는 너 아니냐. 전능하신 우리 하나님 아버지! 심는 자나 물을 주는 자가 아니라 자라게 하시는 이는 하나님이십니다'(고전 3:6).

물도 잘 안 주고 만져 주지도 않았던 서양란 한 그루가 꽃가지를 힘차게 내밀며 아름다운 꽃을 매달고 있는 걸 보면서 나도 한마디 해본다.

"네가 한 것 아녀!"

네 마음대로

"자연 바람에 목이 마르네."

문명에 질린 자(者)연하는 자신을 웃으면서 앞뒤 문을 다 열었다. 아직 초여름인데도 후덥지근한 더위에 못 견뎌서 한참 동안 에어컨을 틀었더니 바람결이 쓰라리고 개운하지 않았다. 문을 여니 솔솔 은근한 자연 바람에 몸을 맡기는데 '앵' 소리와 함께 시꺼먼 물체가 나를 향해 달려든다.

응당 작아야 하는 모기란 놈이 기세가 등등해서 날아오는데, 그 대단한 기세에 그 부피까지 커 보인다. 몹시 배가 고팠는지 후려치는 내 손길을 피해서 내 몸 어느 곳에든 안착하려 번뜩이는 눈알이 느껴진다. "아앗" 드디어 놈이 내 팔에 침을 박고 달아났다. 모기가 이겼다. 놈은 이 15층 건물까지 어떻게 날아왔단 말인가. 그 민첩함과 목표에 대한 집중력이 나보다

낫다. 한낱 미물인 모기에게 물리고 나자 가라앉아 있던 열등감이 치솟는다.

'이놈에게도 지다니.'

중고 서점에서 《내겐 너무 작은 하나님》이라는 제목이 눈에 띄어서 책을 샀다. 저자는 "하나님은 너무 크신 분이다. 이것을 실감하려면 자연 속에 파묻히면 된다. 폭풍우가 지난 후 나타나는 무지개의 영롱한 아름다움, 믿을 수 없을 만큼 복잡한 개미 떼, 달빛 비치는 한밤의 고요, 귀를 멍하게 하는 나이아가라 폭포의 노호, 하나님의 솜씨에 감탄하지 않을 수 없을 것이다"라고 먼저 쓴 후, 삶에서 부딪히는 크고 작은 사건들 속에서 쉽게 하나님을 발견할 수 있다고 했다.

내가 일상의 소소함 속에서 하나님을 발견하는 것이 나 혼자의 생각이 아니었던 것이다. 나는 스스로가 무력하다고 여겨질 때마다 기도드렸는데, 하나님께서는 내 일상에 자주 관여해 주셨다.

금년 들어 본격적인 더위가 시작된 것도 아니어서 나는 문을 자주 열지도 않았고 모기퇴치 준비도 안 했는데, 시꺼먼 물체가 날아와서 내 피부에 침을 박고 붉은 반점을 만들고 가려움증을 주고 갔다. 더 이상 이놈들에게 물리지 않으려면 약을

사와야 한다. 수요 예배를 마치고 왔으니 벌써 9시가 넘었다.

그때 막내딸에게 전화가 왔다. 교회에서 예배를 마치고 우리 집에 들러서 전해 줄 것이 있단다. 방금 출발해서 시간이 걸리니 전화를 받은 후에 밖으로 나오란다. 나는 방 어느 쪽엔가 남아 있을 검고 음흉한 모기가 생각나서 미리 밖으로 나왔다. 밖에 나오니 각종 차들이 쉴 새 없이 씽씽 달리는데도 서늘한 자연 바람을 느낄 수 있었다. 낮이라면 남 보기에도 처량하겠지만, 어둠에 가려서 아무 데나 걸터앉아 있어도 편했다. 더구나 밤바람이 솔솔 불어왔다. 이윽고 기다리던 딸이 왔다. 차 문을 열고 아직 식지 않은 떡을 꺼내 주었다.

"맛있는 떡이야. 언니네도 주라고."

먹어 보니, 대추를 빻아 넣었다는데 향긋하고 순한 과일의 단맛이 난다. 밤에 먹는 것을 조심하는 큰딸이라 내일 가져다주려고 하는데 전화가 왔다. "엄마, 떡이 뜨끈뜨끈해? 내가 가지러 갈까?" 하는 게 아닌가.

"아냐, 내가 가지고 갈게."

나는 모기가 기다릴 것 같은 내 방에서 어서 나오고자 굳이 내가 간다고 우기고 집을 나서자 마을버스가 집 앞에 도착했다.

딸은 저녁밥을 걸렀는지 맛있다고 떡을 떼어 먹는다. 가지고 간 보람이 있었다.

"다리 아픈데 어떻게 왔어? 데려다 줄게."

딸이 일어서니 사위까지 따라나선다. 사위는 생산회사의 경영주인데 요즈음 힘이 든다고 한다. 온종일 여러 가지로 신경을 쓰고 와서 좀 누워 있는 중이었다. 안쓰럽고 미안했다.

"그냥 누워 있어" 하면서 재빨리 나서는데, 신발장 위에 홈키파 모기약 몇 병이 눈에 띈다. 나는 염치 불구하고 "모기약 쓰다 남은 것 있는가?"라고 물었다.

"예, 어머니, 네 병 사왔어요."

나는 사위가 주는 홈키파를 받아들자 의기양양해졌다.

'내가 이겼다!' 모기를 향한 투지.

어서 가서 나를 기다리고 있을 모기에게 푸우 뿜어 주리라.

늦은 시간이라 살 수도 없는 모기약을 막내딸이 준 떡을 큰딸에게 전달하고 얻어 왔다.

'모기야, 기다려라!'

딸 내외가 차로 데려다 주어서 편하고 빠르게 집에 도착했다. 나는 불이 꺼진 방에서 불도 켜지 않고 나를 기다리고 있을 음험한 존재를 향하여 푸우우 푸우우 홈키파를 뿜어댔다.

불을 켜고 보니 환한 방 안에 모기의 흔적은 없었다. 뿌옇게 뿜어 나온 홈키파 분사액의 흔적만 보였다.

나는 나의 필요를 채워 주시고 나의 일상사에 섬세하게 관여해 주신 하나님께 감사를 드렸다. 나는 이 순간만은 순진하다. 《내게는 너무 작은 하나님》 책을 잘 샀다고 생각하며, '일상에서 하나님을 어떻게 만나고 사는가'를 돌아보는 소중한 시간을 가졌다.

나는 책을 머리맡에 두고 잠이 들었다.

뒤통수에 생긴 혹

"엄마, 애쓰셔. 오늘은 애 점심 챙겨 주어야 해. 시험기간이라 일찍 온대."

딸은 한 끼 식사를 해결해 주는 학교가 그렇게 고마울 수가 없다면서 내게 미안한 얼굴로 외출을 했다.

나는 음식에 관심이 많다. 먹는 것을 좋아해서이지만, 누가 먹었든 그 음식에 대해서 자주 묻는데, 손자의 학교 급식 메뉴를 들어보면 상당히 다양하고 좋았다. 내가 챙기려 하면 한나절이 족히 걸릴 만한 음식들이었다. 추석 끝이라 딸네 냉장고에도 여러 가지 음식이 있어서 손자에게 챙겨 줄 염려가 없었는데 막내딸의 전화가 왔다.

언젠가 나와 같이 갔다가 허탕을 치고 돌아온 그 유명한 만두집이 문을 열었단다. 김치며 깍두기 만두소를 자신이 직접 가꾼 채소로 만들어서 이름을 얻은 집이다. 내가 아이의 점심 식사 책임을 말하자 시간이 넉넉하니 우리가 먹고서 사다주자고 했다.

우리가 도착한 시간도 빠른 편인데, 벌써 넓은 주차장에는 차들이 많이 서 있었다. 우리보다 빨리 온 사람들이 많은 모양이다. 안으로 들어서자 큰 방에 사람들이 많이 앉아 있었다. 우리는 사람들 사이를 헤치듯 하고서야 안으로 깊숙이 들어갔다. 딸이 벽 쪽에 기대어 앉는 게 편하다면서 나를 이끌었기 때문이다. 딸의 손을 잡고 안으로 발을 내딛는 순간 "아이쿠" 하는 비명이 내 입에서 터졌다. 요란하게 울리는 "쾅" 소리와 함께.

벽에 부딪친 내 뒤통수. 나는 식탁 밑에 연결해 둔 가스 파이프에 발이 걸려 넘어졌다. 미리 차려 놓은 김치와 깍두기가 온몸으로 쏟아지며 시뻘건 국물이 사방으로 튀고 옷에도, 얼굴에도 범벅이 되었다. "괜찮아? 괜찮아?" 딸은 놀라서 나를 붙들고, 사람들의 시선이 내게 쏠렸다. 먼저는 창피해서 "괜찮아, 아무렇지도 않다"고 큰소리로 말했다. 종업원이 달려와서 닦고 씻어내서 자리는 대충 정리되었다.

나는 다른 이들에게 미안해서 말끔하고 태연한 표정을 지었다. 놀라움이 앞서서인지 얼얼할 뿐 아프지는 않았다. 우리는 주문한 만두를 먹고 손자 아이의 몫을 포장해서 나왔다. 벼르고 벼렸던 신선야채 만둣국 식사였다. 나는 시큼한 김치 냄새가 배어 있는 옷을 걸친 채 손자 점심 식사에 늦지 않으려고 빨리 차를 몰도록 부탁했다. 딸은 운전하면서도 "괜찮아? 괜찮아?"를 연신 물었고, 나는 계속해서 "괜찮다, 괜찮다"고 대답했다. 딸은 "맛이 있지?"를 확인했는데, 나는 건성으로 "응응" 했다.

학교에서 돌아온 손자가 "할머니!"를 부르면서 들어섰는데, 시험을 잘 치렀는지 기분이 좋아 보였다. 나는 네 이모가 특별식을 사주었다면서 손자에게 만둣국을 차려 주었다. 아이가 맛있다고 잘 먹기에 남긴 국물을 맛보았는데 맛이 담백하고 좋았다. 나는 딸들이 놀랄 것 같아서 아무렇지도 않은 것처럼 굴었으나 뒤통수에 아기의 주먹 반만 한 혹이 생긴 것에 신경이 쓰였다. 딱히 아프지는 않았으나 계속 멍멍하고 개운하지가 않았다.

며칠이 지난 후 새벽기도회 시간이었다. 기도 중에 갑자기 눈물어린 큰딸애의 순하고 큰 눈이 떠올랐다. 드디어 울음을 터뜨리고 모두가 통곡으로 이어진 울음바다, 그 당시가 재현되었다.

우리 가족은 행복한 편이었다. 성품이 온화한 남편과 넉넉한 수입, 믿음이 좋은 시어머님과 미혼의 시누이, 적은 가족이 아니었으나 화목했고, 딸들을 귀하게 길렀다. 복을 한참 누리고 살았는데 갑작스러운 남편의 중병이 밝혀졌고, 그는 짧은 투병생활 후 젊은 나이에 세상을 떠났다. 나는 그 초상마당에서 큰딸에게 손찌검을 했다. 겨우 여고생 아이의 연한 머리를 벽에 대고 찧었다.

"자네 그러는 게 아니네" 하시며 평소 얌전하시던 시외삼촌이 못 마시던 술이 들어가자 남편 잃은 나에게 시비조의 훈계를 시작했다. 남편이 세상을 뜨자 시댁 식구가 염려되어서 나온 말이리라. 평소 "자네 같은 사람은 없네"라고 자주 칭찬하시던 분이 가슴에 품었던 불평을 늘어놓았다. 내 마음에 없는 억지소리가 도를 넘어서는 순간 우리 큰딸이 "왜 우리 엄마한테 그러세요?" 하고 대들었다. 순간 내가 "어른한테 무슨 말투야?" 하고 아이를 때렸다. 나의 엇나간 분노에 내 손에 괴력이 생겼는지 '꽝' 하고 소리가 나도록 내 아이의 뒤통수를 벽에 박았다. 어이없는 폭행이었다. 이어서 우리는 지치도록 울었다.

그때 일을 잊고 살았는데, 수십 년이 지난 후 내 뒤꼭지에

혹이 만져지자 '얼마나 아팠을까?' 하고 딸을 떠올리면서 눈물을 글썽인다. 뒤늦은 회개를 한 것이다. 사랑하면서 길렀다는 내 딸에게 행한 나의 어이없는 폭행이 새삼스러운 아픔이 되었다. 내가 사랑하는 내 딸에게도 이렇게 오류를 범하고 살아왔거늘 기억하지 못하는 잘못을 얼마나 많이 저질렀을까.

뒤꼭지 가득 매달아도 모자랄 무수한 혹을 만들어 가면서 살아왔을 거다. 만져지지 않았고 만질 생각도 못할 무수한 것들이 많고 많으리라. 흔적으로 남는다면 앞뒤꼭지 혹으로 가득하고 넘치리라. 괴물이 되었으리라. 나의 반반한 이 머리통은 용서 받음으로 유지되었다. 위로부터 받은 한없는 용서가 나를 보호해 주신 것이다.

그 용서가 내 삶에 흘러넘쳐서 나는 딸들에게 소중한 어미로 불렸고, 드디어는 어린 입술들이 "할머니, 할머니" 하면서 매달리는 호강을 누리며 살고 있다.

하나님 앞에 다가앉으면 내가 범한 잘못과 오류가 하나하나 발견된다. 나는 그것들을 털어 버리고 싶다. 가을날 우수수 떨어지는 낙엽을 깨끗이 털어 버리는 나무들처럼. 나의 기도 제목이다.

딸네 강아지

 큰딸네 집 문 앞에서 번호를 누르기도 전이다. 강아지의 꼬리 흔드는 기척이 요란해서 마음이 조급해지면서 틀린 번호를 또 누르고 만다. 이 집에서 나에게 부탁하는 것은 여행할 때나 집을 비울 때에 강아지 돌보는 것이다.

 강아지가 처음 딸네 집에 왔을 때는 주먹만 한 게, 난 지 서너 달이 될까 말까 한 낑낑 울어대는 울보였는데, 식구들 사랑을 독차지하고 지내더니 울지 않고 잘 큰다. 저 혼자 있어서 돌보러 가면, 제가 사람인 양 시무룩하다가 눈치를 주기도 한다. '고기 있어?'라는 것 같다. 나도 빈손으로 오지 않고 익은 고기 조각이나 생선 등 반찬에서 남은 것을 잘 씻어서 챙겨 온다.

 딸네 부부는 하나뿐인 아들이 대학에 들어갈 무렵부터 강아지를 기르기 시작했다. 한번은 강아지 집으로 꾸며 놓은 바구니 위에 "주인을 물지 맙시다" 이렇게 써 붙여 놓은 걸 보았다. 사위가 쓴 거란다. "이 집 강아지는 글자도 읽냐?" 내가 물었더니 계속해서 읽으며 훈련을 시켰더니 영특한 강아지가 알아듣고 물지 않더라고 자랑한다.

강아지는 밤에 혼자 있는 것을 아주 싫어한단다. 스트레스 받아서 아프면 안 되니까 집을 비우는 날엔 미안하지만 날더러 강아지와 함께 있어 달란다. 나는 내 집을 비워 놓고 딸네 집에 와서 손자의 침대에서 잠을 잔다. 내가 자려고 하면 강아지는 응접실에 혼자 우두커니 앉았다가 고개를 푹 숙여 제 다리 속에 박고서 꿈쩍도 않는다. 언제까지나 주인을 기다려 보겠다는 심사일 게다.

나는 그러거나 말거나 새벽에 일찍 일어나야 하므로 잠을 청한다. 그러면 강아지는 내가 잠든 사이에 침대 위로 올라와서 내 머리에 제 머리를 파묻고 잠이 들어 있다. 내 머리칼을 빨았는지 강아지 침으로 축축하게 젖어 있다. 나는 개운하지 않아서 집에 돌아오는 즉시 머리를 감곤 했는데, 겨울날 새벽에 교회로 바로 가려면 춥고 성가셨다.

우리 큰딸이 아기를 낳을 무렵에 사위는 학업을 계속했고, 두 여동생도 서울로 진학을 했다. 딸과 사위는 대학생 때 만나서 결혼을 했는데, 사위는 군대를 마치는 기간이 있어서 아직도 학생이었다. 서툰 주부가 학생 셋을 돌봐야 하는데다가 아기까지 낳았다. 나는 일터가 지방이라 돌봐 줄 수 없었다. 두 여동생도 언니를 도와주지 못했다. 경쟁이 치열한 학교에 입학하고 보니 지방 학생이란 약점으로 제 공부 하기도 힘이 들었다. 큰딸은 울어대는 아기와 긴 하루를 혼자서 부대끼며 보내야 했다. 아기는 밤에도 잠을 안 자고 보채고, 고개를 휘휘 내돌리며 우유나 젖도 안 먹고 애를 먹인단다. 울먹이며 하소연하는 딸의 말을 전화로 듣고서도 마음만 급하지, 달려올 형편이 못 되어 주말이 되어서야 아이들 곁으로 올 수 있었다.

어느 날이었다. 고속버스와 시내버스와 또 마을버스를 갈아타고 와야 아이들이 사는 아파트에 올 수 있는데, 마을버스가 동네 가까이에 오면 아이들이 사는 아파트 놀이터가 먼빛으로 보이기 시작한다. 오래전에 지은 아파트라 놀이터가 학교 운동장만큼이나 넓었다. 보통 그 시간에는 놀이터에 사람이 안 보이는데, 한쪽 귀퉁이에 있는 의자에 작은 형체 두 개가 서로 엉켰다 떨어졌다 하는 것이 보였다. 땅에 떨어질 듯 위험해 보이기까지 했다. 느낌이 이상해서 마을버스에서 넘어질 듯 뛰어내려 달려가 보니 큰 딸애의 작은 몸집이 보였다. 발버둥치며 울어대는 아기를 붙들고 어쩔 줄 모르다가 "아가" 하고 부르자 금방 울 것 같았다. 부석부석한 얼굴에 검게 내려온 눈자위, 지치고 피곤한 내 딸, 나는 즉시 딸에게서 아기를 떼어내어 집으로 들여보내고, 아기를 유모차에 태우고 밀기 시작했다. 지리도 모르는 낯선 동네를 마구 돌아다녔다. 아기는 힐끗 뒤를 돌아보더니 자지러지게 울기 시작했다. 목이 쉬도록 울어대도 나는 유모차를 밀었다. 다리가 빠지도록 사정없이 돌아다녔다. 결국 어른인 내가 이겨서 아기는 지쳐 잠이 들었다.

아기가 까다로운 게 시골 시댁에까지 소문이 나서 평소 며느리를 귀엽게 여기던 시어머니가 "아가, 이제 아기는 그만 낳아도 된다. 아들이니까 하나면 돼"라고 전화까지 했단다. 나도 동감이다. 내가 아기를 돌봐 줄 형편이 못 되지 않은가.

그 후 우리 큰딸은 그 아들 하나만 길렀다. 제 동생들은 결혼해서 아기를 둘, 혹은 셋을 낳고 사는데 저는 아들 하나로 만족하며 살아간다.

큰 손자는 제 이모들의 아이들인 동생들을 아주 귀여워했고, 또 이종 동생들도 형이라 영웅처럼 여겼다. 서로 형의 관심과 사랑을 받으려고 경쟁도 하고, 그러더니 점점 자라니까 저희들 나름대로 바빠서 자주 만나지 못했다. 각각 신도시 아파트 분양을 받아서 살다 보니 집도 멀어서 생일이나 명절 때에나 만나게 되었다. 요즘은 공부하는 아이들이 바빠서 피차간에 시간이 없다. 같이 사는 친형제가 아니라서 더욱 만나기가 쉽지 않다.

큰딸은 제 아들이 동생을 하나 낳아 줄 수 없느냐고 해서 무슨 심란한 소리냐고 대답했단다. 얼마 후에 그 집에서는 강아지를 기르기 시작했는데, 이 강아지가 아기 노릇을 했다. 툭하면 병원에 가고, 털 깎고 발톱 깎고 입안 청소하며 그 치장이 대단하다. 강아지에게서 좋은 냄새가 나야 한다면서 사료와 곁들여 과일이나 야채 등을 먹이고, 육류나 생선은 되도록 먹이지 않는다.

나는 내 강아지가 아니니까 주인들에게 말도 안 하고 고기나 생선만 먹이곤 했다. 먹이를 주면 내게 무뚝뚝한 강아지가 좋아라 달려든다. 강아지는 껌이며 간식이며 갖가지 인형 등 장난감들이 많지만, 주인들이 없으면 시무룩하다.

나는 이 집이 빈 날에는 강아지 때문에 하루에도 몇 번씩 딸네 집을 오고 간다. 이 강아지가 변비인지 똥을 싸지 않아서다. 어느 날인가는 여섯 번을 왔다 갔다 했더니 아픈 다리가 더 아프기도 했다. 이 강아지는 이 집에서 일하는 도우미 앞에서는 똥을 안 눈단다. 주인이 아니면 똥을 안 보인다. 비싸게도 군다.

나는 머리를 써서, 섬유질이 많은 고구마와 단백질인 고기 조각에 과일을 섞여서 잔뜩 먹이고 살펴보았더니 아닌 게 아니라 조짐을 보였다. 제 기저귀 놓인 곳을 빙빙 돌기 시작했다. 그리고는 항문에서 똥이 나오는 게 아닌가. 나는 즉시 딸에게 문자를 보냈다.

"드디어 유끼 똥 쌌다. 성공."

기쁨에 넘친 즉각적인 응수.

"엄마, 고마워."

나는 딸이 아기 키울 때 옆에서 도와주지 못했고, 밤낮없이 울어대던 손자는 이제 군대까지 마친 의젓한 대학생이 되었다. 이 손자는 해마다 어버이날이면 꽃과 카드를 들고 나를 찾아온다. 카드에 쓰여 있는 "할머니, 기도해 주시고 길러 주셔서 감사합니다"라는 문장을 보면, 나는 매일 기도는 하고 있지만 길러 주지는 못했기에, 꽃을 받고 기뻐하기에는 미안한 마음이 앞선다.

마음의 색깔

몇 해 전 우리 교회에서는 예수님이 탄생하신 이스라엘을 비롯한 성지순례를 하였다. 그때 내가 느낀 것은, 내 속에 선한 것이 없음을 발견하는 것은 장소가 상관없다는 것이다. 성지라는 거룩한 이름으로 불리는 곳에서도 내 육신적이고 정서적인 반란은 끊임없었다.

우리는 10여 일을 수십 명이 같이 지내자니 방 배정과 짝꿍 정하는 일이 우선이었다. 일은 여기서부터 틀어졌다. 생각보다 삐치는 사람들이 있어서다. 평소 얌전해 보이던 사람도 자기 마음에 드는 사람과 같은 방을 쓰려고 나서는데, 눈빛과 목소리가 여간이 아니었다. 표독스럽게 나오는 사람도 있고, 심지어 눈물까지 보이는 이도 있어서 어이가 없었다. 우리는 별수 없이 제비를 뽑기로 했다. 각자 뽑고 보니 원하는 사람이 아닌

소원한 사람과 같은 방을 쓰는 경우도 있었다. 그때 "아이 참" 소리를 치더니 팽 돌아서 버리는 사람이 있었다. 노골적으로 감정을 드러내는 게 아닌가. 그녀는 출발 전 모이는 시간에 늦게 와서도 미안하다는 말 한마디 없이 미용실에 들러서 손질한 머리스타일만 뽐내던 여자다.

그녀는 우리 교회 설립자의 여동생이어서 교인 수천 명의 점심 식사와 모든 행사 때 음식을 주관하는 식당 주인이었다.

사람들은 그녀의 돈 벌기를 땅 짚고 헤엄치기에 비교했다. 장소와 인테리어, 심지어 전기요금, 수돗물 사용도 공짜였기 때문이다. 그녀는 삶이 풍요해지고 남편과 온 식구에게 떠받듦을 받아서인지 무슨 일이고 자기주장을 내세우려 했다. 그런 그녀가 한참 동안 고집스럽게 입술을 앙다물고 있었다. 욱하는 성정의 내가 그녀를 노려보았고, 사람들의 비난 어린 침묵이 나와 동조하자 슬그머니 기내 화장실을 찾아 나섰다.

방 배정은 끝났으나 내 마음은 편하지 않았다. 성지순례라는 특별한 기간만이라도 내 마음의 색깔이 맑은 하늘 같고 무지개같이 곱기를 바랐다. 적어도 성지순례만은 깨끗하고 아름다운 마음으로 임해야 할 것 아닌가. 이때만이라도 서로가 친애하는 마음으로 믿음과 기쁨을 나누고 싶었다.

내가 처음부터 곱게 보이지 않는 그녀의 언행을 마음에 담자 비판의 구름이 일기 시작했다. 내 마음에 어두운 그림자가 드리워진 것이다.

그녀는 어디가 아픈지 "아이구, 아이구" 하면서 자신보다 나이가 많은 같은 방의 짝꿍을 부리기 시작했다. 사람 좋은 그이가 낯빛 하나 변하지 않고 그 심부름을 해주어서 내 속이 상했다. 나는 왜 남의 일에 관심이 많아서 마음에 검은 구름을 모으고 있는 것일까. 나 자신이 한심스럽다.

"오지랖 좀 넓히지 마."

딸들의 당부하는 말이 들리는 것 같다.

'오지랖이 아니라 정의감이지.'

사람들은 구경거리가 있으면 누구보다 앞서 달려간다.

"자아, 여기가 예수님께서 장님의 눈을 고치시려고 그 눈에 침을 발랐던 장소입니다."

"어디? 어디?"

한꺼번에 우우 몰려갔다. 나는 양보하려고 뒤로 밀리면서 천천히 갔는데, 거기는 언덕처럼 경사가 졌다. 가이드 목사님은 웅덩이처럼 파인 곳에서 설명을 시작했는데, 내가 목사님의 얼굴을 보려고 위로 올라서자 그때 갑자기 쌓아 놓은 흙더미가 무너지면서 한꺼번에 사람들이 한쪽으로 몰리면서 "아이쿠" 비명소리가 들렸다. 이어서 "왜 밀어?" 하는 앙칼진 소리에 이어서 "다쳤어요?" 하고 일으키는데 넘어진 사람은 바로 그녀다. 그녀는 신음하면서 자기 옆 사람이 밀쳤다고 소리를 질렀다. 나는 그녀 옆에 있어서 원망을 듣고 있던 평소 순진한 사람의 붉어진 눈자위를 보았다.

내가 오르막을 오르려다 무너진 흙더미에 발을 헛디뎠고, 그 바람에 사람들이 옆으로 쏠리면서 그녀가 넘어졌다. 그 옆 사람은 넘어진 그녀 위에 덮쳐져서 원망을 듣고 있는 것이다. 그녀는 얼마나 다쳤는지 움직일 때마다 "아이쿠, 아이쿠" 신음소리를 냈다. 그때 나는 '나 때문이오'라고 말하지 않았.

'왜 말하지 않는가' 계속해서 내 양심은 말했고, 그러나 내 입은 열리지 않았다. 그녀는 가슴을 움켜쥐고 '끙끙' 앓으면서 일행을 따라다녔다. 나도 그녀 곁을 떠나지 않고 옆과 뒤에서 걸었다. 내게 염려하는 마음이 있어 침통해 보이는 표정으로 그녀를 살피자, 사람들은 그녀와 내가 매우 친한 줄로 아는 것 같았다.

무사히 며칠을 넘기고, 여러 곳을 거쳐서 이태리 로마에서 있었던 일이다.

이름만 듣던 명품이 진열된 상점을 쉽게 볼 수 있었다. 호기심에 구경들을 많이 하는데 가격이 만만치 않았다. 눈요기들을 하는데 누군가가 나를 잡는다. 다친 그녀가 미안한 얼굴을 하면서 자기를 도와달라고 했다. 마음에 드는 소품이 있는데, 외국이라 자신은 말을 못하니까 날더러 흥정을 해서 사달라는 것이다. 나 역시 이태리 말을 못한다고 했더니, 아침에 외국 남자에게 식당을 가르쳐 주는 것을 보았단다. 상식적인 몇 마디 나누는 걸 높이 평가한 것이다. '에라 모르겠다. 미안한 참에 도움이 된다면 무얼 못하랴' 하고 따라가서 서툰 영어와 손짓을 섞어 가면서 그녀가 원하는 니트 스카프를 샀다. 그녀는 마음에 드는 물건을 비싸게 사지 않았다고 고맙다고 했다. 그리고 환하게 웃어 주었다. 웃는 얼굴이 아름답게 보였고, 나도 고마웠다.

　　내 멋대로 판단하고, 못마땅하게 여기고, 드디어는 내가 원인이 되어 그녀를 다치게 했다는 자책감의 무게에 눌려서 지내온 며칠간이다. 그동안 내 마음은 어두웠다. 무지개는커녕 깜깜한 색이었다. 사람 사이가 원만하지 않으면 그 어떤 거룩한 장소에서도 환한 마음이 될 수 없다는 것을 깨달았다. 같은 방을 썼던 마음이 넓은 그녀의 짝이 말했다.

마음의 색깔

"안되었드라구요. 몸도 약하고 힘이 없는 사람이 날마다 많은 음식 재료를 다루느라 온몸에 파스를 붙이고 산대요. 팔뚝도 얼마나 가는지 아기 팔뚝 같아요."

나는 하나님께 다시 나아가지 않을 수 없다. 늘 씻어야 하고, 늘 정비해야 할 마음의 밭을 위해서.

명절날

요즈음 한참 뜨는 '집밥 백선생'의 레시피를 찾아서 그대로 잡채를 만들어 보았다. 쓰다 남은 바짝 마른 당면을 어제 찬물에 담가두었더니 팅팅 불었다. 오늘은 추석날 아침, 나는 여러 가지 재료 손질과 시간이 오래 걸리는 것에 비해 맛이 별로인 내 잡채 솜씨를 아는데, TV에서 그는 보기에도 군침이 도는 먹음직한 잡채를 금방 만들어 내었다.

'나라고 못할쏘냐. 남자도 저렇게 잘하는데.'

나도 그가 하는 대로 양파와 당근, 표고버섯에 내가 추가한 파랗게 데친 시금치를 준비했다. 그리고 그가 언젠가 소개해서 만들어 두었던 만능간장도 꺼냈다. 하도 여기저기 요긴하게 쓰고 있던 '백선생표 만능간장'을 내 딸들을 비롯해서 내가 아는 사람들은 거의 다 만들었는데, 고기를 한 근쯤 갈아서 듬뿍 넣고, 진간장을 큰 병으로 한 병 넣고, 설탕도 꽤 많이 넣고 부글부글 끓여서 냉장고에 보관한다. 그런데 대체로 짜다는 평으로, 나부터 활용은 잘하지 않은 터였다. 그런데 그 간장이 잡채 만드는 데는 제 역할을 할 것 같았다.

첫째로 고기가 들어 있어서 번거롭게 고기를 다져서 기름에 볶을 필요가 없으니 일이 줄었다. 당근을 굵직굵직하게 채 썰고, 양파를 썰고, 당면 불리는 데 집어던져 불린 표고버섯을 기름에 볶는다. 그리고 만들어 둔 만능간장에 참기름을 넣고 끓기 시작하면 불린 당면을 넣고 당면이 투명해질 때까지 볶는다. 그리고 볶아 놓은 야채를 섞었더니 과연 보기에도 그럴듯한 잡채가 금방 만들어졌다.

맛을 보았다. 지금까지 내가 만들었던 잡채보다 훨씬 맛이 있다. 나는 주방에 선 채로 잡채 몇 가닥을 집어 먹었다. 간도 맞고, 이번 잡채는 성공이다. 식혀서 냉장고에 집어넣는 동안 아침밥 지을 생각이 없어졌다. 핸드폰이 울려서 열었더니 다음과 같은 문자가 왔다.

"사랑하는 권사님, 주님과 함께 복된 주일 보내세요. 그리고 행복한 명절 보내시구요."

올봄에 영성 훈련원에서 속 깊은 이야기를 나누었던 신실한 믿음의 친구가 보냈다.

"고마워요. 받고 계시는 그 사랑 많이 누리시길 바랍니다."

이렇게 답신을 보내면서 다른 이에게 문자를 보냈다.

"추석날이면 난 슬퍼! 내 생일이 하필 추석날이라 생일 축하를 제대로 못 받아"라고 말하던 이웃에 사는 친구에게 "밤하늘 어둠을 누가누가 밝혀 주나 보름달 뜨니 밤이 낮 되었지. 보름달 닮아 늘 넉넉하게 나누는 이여. 행복하시기를" 하고 문자를 보냈다. 이 문자 받고 더 환하게 웃겠지. 잡채 만든 설거지를 하고 어찌어찌하니 교회에 갈 시간이 되어 부지런히 챙기고 집을 나왔다.

금년 추석날은 주일이라 하나님께 예배드리고, 말씀 듣고, 또 친한 교우들과 인사 나누고 하니 아침 식사도 제대로 하지 않았는데 속이 든든하다. 잡채 만들기 성공, 받은 문자, 또 내가 보낸 문자, 무엇보다 창조주 하나님께 드린 예배, 친근한 이들과 나눈 인사, "맛있는 것 많이 잡수셨나요?" "그럼요" 사실과는 다른데 큰소리로 대답했다.

혼자서 보내는 명절은 주위가 적막해서 마음이 허해지기 쉽다. 이 허한 마음, 처량해지는 마음은 온몸에 무력함을 불러온다. 움직이기 싫고 게을러진다. 서 있는 것보다 앉아 있는 것이 편하고, 앉아 있는 것보다 누워 있는 것이 편하므로 편한 것을 취하다 보면 대낮에도 누워 있게 되는데, 이건 아니지 않은가. 부산하고 피곤한 명절을 보낸 딸들을 맞을 준비가 소홀해질 수밖에…. 더구나 요즈음은 어미 피곤하다고 밥때를 비껴서 오려고들 한다.

"엄마는 음식을 맛이 있게 만드는데 시간이 너무 오래 걸려."

평소 아이들이 하던 말이다. 그래서 부담스럽다고도 했다. 그런데 오늘은 빠른 시간에 쉽게 만든 잡채 맛을 보여줘야겠다. 작은 성취감이라고나 할까.

"집에 돌아왔으면 어서들 와라."

혼자서 여러 가지 음식 만들기는 쉬운 일이 아니기에, 아이들은 되도록 어미 일을 덜어 주려는 마음에서 식사는 피하려 한다. 재촉하여 불러들인 후에 따뜻하게 데운 잡채부터 내놓으니 과연 맛있다고 잘들 먹는다. 시간 단축, 간단하게, 진일보한 내 음식 솜씨.

"짜면 물 좀 더 붓고, 싱거우면 간장 좀 더 쳐요."

쉽고도 간단한 백 선생의 음성이 명쾌하게 울린다. 골치 아플 것 없다. 이제 음식 만드는 것도 까다롭게, 내 힘에 부치게는 안 해야지. 그런대로 간단하게 대접하고 저녁 예배를 드리려고 교회에 가는데 뒤에서 나를 부르는 이가 있다. 추석과 생일이 겹쳐 제대로 생일 대접을 받을 수 없다는 친구다. 보름달을 비유해서 보낸 내 문자를 고마워하면서 아이들이 모여 있어 너무 행복하단다. 우리들은 시집 장가 보내 버린 아들딸들이 곁에 있어 주기만을 바라는 이기적인 존재인데, 엄마니깐 하곤 자신에겐 너그럽다.

내 부모님에게는 어땠지. 같이 있고 싶어 하는 그분들의 마음을 헤아려나 보았던가. 살아갈수록 부끄러움만 쌓여간다.

밤바다에는 어둠을 비춰주는 별들이 빛나고

나는 그녀에게 "벌써요? 빠르네요" 이 말만 되풀이하고 있었다. 가녀린 몸매에 주름살도 별로 없는 가무잡잡하고 작은 얼굴, 내 손을 잡으면 놓지 않으려는 그 다정함은 여전하다. 좀 더 얘기를 나누고 싶었으나 버스가 곧 떠나려고 해서 잡은 손을 놓아야 했다.

어언 20년 가까운 세월이 흘렀나 보다. 초등학생이던 두 아들이 혼기를 맞았단다. 서로 사위를 삼으려 한다고 자랑스러워하는 얼굴은 변함이 없었다. 내가 좋아하는 상글상글 웃는 얼굴.

그녀는 지방도시 근처 시골 목사의 과부이다. 어려서 하나님의 일을 하겠다고 서원기도를 하고, 신학교를 마치고 부산에서 전도사 생활을 오래 했다. 그런데 어느 겨울날 목사님과 함께 교인 가정을 심방하던 중 갑자기 추위가 싫어졌다. 바깥으로 나다니는 일이 지긋지긋해졌다. 그녀는 담임 목사님에게 "저 시집가서 집 안에서 살래요" 했더니 목사님이 "남자는 있고?" 물었다. 물론 없었다.

"그럼 전라도 시골에 홀아비 목사 하나 있는데 괜찮겠나?"

노처녀 전도사는 망설이지도 않고 목사의 재취 부인 자리로 들어갔다. 치매기가 있는 시아버지와 어린 두 아들이 있는 가정이었다. 바로 우리 시어머님의 고향 교회였다.

그 목사는 시내에 나올 때는 우리집에 자주 들렀다. 우리 시어머니는 목사를 항상 극진하게 대접했다. 그 목사에 대해서는 목사들끼리도 서로 이상한 목사라고 했다. 초등학교 교사인 전 부인에게 금식기도를 너무나 강요한 나머지 병들게 해서 상처했다고도 했고, 기도에만 미친 목사라는 말도 들었다. 그는 마을 뒷산에 정해 놓은 기도처가 있는데, 재혼 뒤에도 교회와 기도처에서 거의 기도로 밤을 새운다고 했다.

목사가 우리 어머니와 우리 가족과 친하게 지내다 보니 재취 부인인 사모도 나와 친하게 되었다. 시내에 나오면 내가 운영하는 사업장에 자주 들렀는데, 남편의 기도생활에 대한 불만은 전혀 없었고, 초등학교 1학년과 3학년짜리 아들들 이야기뻤이었다. 나는 자그마한 몸집에 부산 사투리를 쓰는 이 사모가 좋았다. 싱글싱글 웃으면서 하는 말이 늘 긍정적이었다. 초등학생인 두 아들의 하는 짓이 그렇게도 신기하고 귀엽고, 심지어 치매기가 있는 시아버지까지도 자기를 웃긴다나.

어느 여름날, 서 있어도 땀이 줄줄 흘러내리는 더위에 거리를 걷고 있는데, 바로 옆 건물 2층에서 누군가가 "유 선생, 유 선생!" 하고 나를 불렀다. 올려다보니 그 목사였다. "나 목마르니 사이다 좀 사가지고 이리 올라와" 하는 게 아닌가. 나는 이상하다 여기며 곧바로 사이다를 사서 들고 2층으로 올라갔다. 그는 더위에도 불구하고 넥타이도 안 풀고 사람들을 모아놓고 이상한 소리로 기도를 인도하고 있었다. 회중은 기도에 열중해서 사람이 들어가도 알아차리지 못했다.

나는 조그만 소리로 "뭐 하세요?" 물었더니 "지금 방언기도를 가르치고 있으니 사이다를 놓고 어서 가"라고 했다. 나는 참 이상한 목사도 다 있다고 생각하고 집에 돌아와서 시어머니께 말했더니 "신령한 목사님이시다"라고만 했다. 나는 여전히 그가 이상한 목사이고 기도에 미친 목사라는 생각에 사로잡혔다.

그는 새 부인을 들여놓고도 가정은 돌보지 않는 것 같았다. 교회 장로들은 교통비 정도만 그에게 주었고, 사례비는 부인에게 주었다. 그것은 그들이 목사를 너무 잘 알기 때문이었다. 그는 돈이 있으면 측은하게 보이는 사람 누구에게나 호주머니를 탈탈 터는 탓에 항상 돈이 없었다. 살림을 책임진 사모는 장을 보러 시내에 나올 때 나를 만나서 잠깐씩 이야기를 나누는 걸 재미로 알았다.

목사는 강단에서 설교하다가 하나님 앞에 가는 것이 소원이라는 말을 입에 달고 살더니 얼마 지나지 않아서 그 말대로 강단에서 숨을 거두었다. 재혼하고 2년이 조금 넘어서다. 목사는 두 아들과 치매가 심해진 아버지를 새 부인에게 남겨두고 세상을 떠났다. 아무런 대책도 없이 말이다. 그의 가족은 불이 꺼진 밤바다에 던져진 작은 배와 같았다. 주변에서의 동정과 걱정에는 주로 목사의 무책임에 대한 비방이 섞여 있었다.
그런데 그 교회의 결정은 모두를 놀라게 했다.
'돌아가신 목사님 가족을 살아 계실 때와 똑같이 섬긴다.'
이 교회의 이런 결정은 곧 은혜로운 교회로 소문이 쫙 퍼졌다. 교인들의 생활은 점점 나아졌고, 마을도 부촌으로 변해 갔다. 놀라운 것은 마을사람 거의가 다 교회에 출석한다는 것이었다. 사모는 남편 목사 대신 교회 일을 하며, 두 아들을 사랑하고 감사하면서 길렀다. 그들은 드물게 겪는 지난한 삶의 밤바다에서 서로가 빛나는 별들이 되어 주었다.

우리 시어머니는 자녀들에게 이렇게 강조했다.

"봐라, 돌아가신 목사님 기도빨이 얼마나 쎄냐? 예수 잘 믿고 주의 종 잘 섬기면 큰 복 받는다."

목사가 살아 있을 때 기도에 미친 목사라고 이상하게 여겼던 이웃 교회 사람들이 그 교회를 부러워했다. 사모는 여전히 시내에 나올 때면 나에게 들러서 자신들의 이야기를 소상하게 들려주었다. 성적이 떨어지는 아이들을 위한 대책을 세웠다면서 내 의견을 묻기도 했다.

"니는 전직 교사 아닌가?" 이렇게 말을 꺼내 놓고는 "부산에 있는 조카가 고3인데 여기 교육대학에 입학시켜서 아그들 공부 도와주게 할란다"는 말에 나는 속으로 걱정이 되었다.

'교대는 성적이 좋아야 입학할 수 있을 텐데….' '노처녀 전도사가 결혼이라고 했으나 3년이 못 되어 과부가 되어 전부인의 아들들을 떠맡은 걸 친정 권속들이 달가워할까.'

내 인생의 바다에도 어둠이 내렸다. 부도 직전인 거래처에 물건도 받지 않고 거액의 약속 어음을 끊어 준 것이다. 인기 상품이라 '품절' 어쩌고 해서 덜컥 감당할 수 없는 금액에 도장을 찍고 어음을 발행했다.

나뿐만 아니라 지방의 대리점 업주들이 다 당한 일이라 손해 안 보려고 자주 모여서 회의를 하려고 상경하는 일이 많았다. 그러다 보니 내가 자주 자리를 비우게 되어 나를 만나러 온 사모님도 헛걸음을 많이 했다. 본사는 부도를 내는 대신 힘 있는 기업에게 회사를 넘겼다. 우리의 어음건은 해결되었지만, 집을 담보로 하고 거래하면서 약속한 판매액에 따른 총 누적 리베이트를 목돈으로 준다던 전 본사의 약속은 허사가 되었다. 우리는 받기는커녕 오히려 물건 대금을 더 물어내야만 할 형편이 되었다. 같은 처지의 지방 대리점 업주 하나는 화병이 나서 갑자기 죽어 버렸다. 내가 이런 상황이니 우여곡절을 겪으면서 동분서주하는 중에 사모에게 관심 가질 여유도 없이 서울로 이사를 와버렸다.
　얼마 전 배웅할 어른이 있어서 고속터미널에 갔다가 그 사모를 우연히 만났다. 우리는 서로를 끌어안았다. 아들이 서울 동부지원에 있어서 만나고 가는 중인데, 혼처가 너무 많이 들어와서 골치가 아프단다. 각 교회에서 한다 하는 유지들이 판사 사위를 맞겠다고 경쟁하는 통에 피해 다녀야 한다고 했다.
　"나는 인간적인 선택은 안 하기로 했다. 아들도 마찬가지고."
　전도사로서 밖으로 나다니기가 추워서 시집이라고 와서 3년도 못 되어 과부가 된 이 자그마한 여인과 어려서 부모를 한꺼번에 잃고 고아가 된 목사의 아들들, 이들은 인생의 밤바다에서 서로의 별들이 되어 주지 않았을까.

　이제는 성공하여 사람들의 인기가 오히려 버거워 행복한 고민에 빠진 사모를 보내고, 나도 모르는 사이에 "좋으신 하나님" 소리가 저절로 나왔다.

베드로 통곡교회 앞에서

알람이 울리는데도 '조금만 더, 조금만' 하다가 깨어 보니 새벽예배 시간이 지나 버렸다. 나는 늦었지만 교회로 향했다. 예배당 안으로 들어서자 예배를 인도한 부목사님이 강단에서 내려왔다. 들고 있는 성경책 사이로 새벽예배 설교를 위해 준비한 원고가 보인다. 새벽 시간의 짧은 설교지만 우리 교회 목사님들은 철저히 준비하고 말씀을 전한다. 나는 늦게 와서 열심히 준비한 그 말씀을 듣지 못했다. 미안해서 목례를 보냈더니 목사님은 고개 숙여 인사까지 하고 나간다.

나는 늘 앉았던 자리에 가서 앉았다. 불이 꺼지고 찬송가가 은은하게 흘러나온다. 나는 하나님께 "늦어서 죄송합니다" 하고 기도를 시작했다. 말씀을 듣지 않고 바로 기도에 들어가면 기도가 잘되지 않는다. 마음속에 있는 모든 것을 다 표현해

낼 수가 없다. 소리를 내어 기도하자니 옆에 있는 사람들이 자꾸만 의식되고, 마음속으로 기도하려니 딴생각이 섞여서 집중이 안 된다. 나는 "아버지" 하면서 하나님께 기도를 시작하는데 "뻔뻔한 신앙이라도 갖자"고 한 어느 목사님의 말이 떠올랐다. 성지순례 때 베드로 통곡교회 지붕 위에 오도카니 서 있는 닭의 모형을 보면서 우리에게 한 말이다.

나는 몇 해 전 성지순례를 할 때의 일을 가끔 생각한다. 성경에서만 읽었던 예수님이 나시고 자라난 그 땅을 찾아가다니 얼마나 큰 영광인가. 기쁘고 기대에 넘친 우리의 순례여행은 처음부터 삐끗하기 시작했다. 버스를 대놓고 기다리는데 늦게 도착해서도 미안한 표정이 없는 사람, 호텔 투숙 시에 정해 주는 짝꿍이 마음에 안 드는 것을 내색하는 사람, 단체생활인데 혼자만 비싼 비즈니스 칸으로 가면서 자랑스러워하는 사람, 그것이 못마땅해서 앙앙불락하는 사람…왜 사람들의 모임에는 항상 갈등이 생기는가. 우리는 거룩한 성지를 순례하고자 하는데 말이다.

우리는 열 시간 넘게 비행기를 탔다. 바람의 방향이 좋지 않아서 시간이 더 걸렸다고 한다. 목적지 이집트 카이로에 있는 호텔에 도착한 시간은 매우 늦은 저녁이었다. 우리는 사전에 배정 받은 방으로 각각 흩어졌다. 그때 갑자기 호텔 로비에서 비명소리가 나고, 사람들이 소리 나는 곳으로 몰려가기 시작했다. 나도 따라가서 보니 "내 가방, 내 가방!" 하고 울부짖는 사람이 있었다. 누구인가 했더니 출발할 때 미장원 다녀오느라 늦었으면서도 미안해하지 않고, 또 자기 마음에 드는 사람과 방을 쓰게 해달라고 억지를 부리던 바로 그 사람이었다.

나는 속으로 '어지간히도 말썽을 부리네' 하면서 상관 안 하기로 하고 돌아서서 내 방으로 들어와 버렸다. 방으로 들어와서 불을 켜고 보니 이게 웬일인가. 내가 들고 와서 방 안에다 들여놓은 가방이 내 가방이 아니었다. 부리나케 가방을 들고 내려가니 "아이고, 내 가방이네" 하면서 울음을 그치고 가방을 껴안았다. 나는 미안하다고 사과하고 아무렇게나 던져진 내 가방을 집어 들었다. 모여 있던 사람들은 그제야 안심을 하고 각자 자기들의 방으로 들어갔다.

나는 소동을 일으킨 원인이 내게 있는데도 울고불고 소란을 피운 그녀에 대한 감정이 안 좋았다. "말썽을 혼자서 다 부려" 이렇게 중얼거리기까지 했는데, 사실은 남의 가방을 정신없이 바꿔 들고 온 부주의한 나 자신이 한심해서 스스로에게 화가 났다.

다음 날 우리는 아침 식사를 마치고 카이로 시내 관광을 위해서 전용버스를 탔다. 나는 자리에 앉자 차분하게 계산을 맞추고 싶어서 지갑 속의 돈을 세기 시작했다. 100달러에서부터 1달러까지 차례대로 넣어 두었는데, 100달러짜리 한 장이 모자랐다. 아무리 계산을 해보아도 한 장이 빈다. '어디다 썼지? 내가 썼을 거야, 포기하자' 하면서 일정에 따라 피라미드 구경도 하고 박물관에도 따라다녔다.

　이집트 아이들은 학교도 안 가는지 우리를 졸졸 따라다니며 "원 딸라, 원 딸라" 하면서 물건을 사라고 졸랐다. 애들뿐이 아니다. 젊은 여인, 늙은 여인 할 것 없이 관광버스가 서면 우우 몰려들어서 "원 딸라, 원 딸라" 한다. 나는 그들이 '딸라'를 외칠수록 없어진 100달러가 생각나서 관람에 집중이 안 되었고, 나일 강 유람선 위에서 차려 준 저녁 만찬도 맛이 없었다.

　우리가 다시 호텔로 돌아오자 옆방의 친구가 내 얼굴색이 안 좋아 보인다면서 내 방으로 따라 들어왔다. 방에 들어서자마자 "어머, 자기는 특별대우 받고 있네" 하면서 탁자 위를 가리킨다. "뭘?" 하면서 뒤돌아보니 장미꽃 두 송이와 사과와 배, 감, 그리고 과도가 담긴 접시가 얌전하게 놓여 있었다. 내가 "서비스겠지 뭐" 하고 대수롭지 않게 대답했더니, 자기 방으로 달려갔다가 되돌아온 친구가 자기 방엔 아무것도 없다고 했다. 순간 내 머릿속을 스치는 생각이 있었다.

우리는 아침에 방을 나오기 전에 탁자 위에 1달러씩을 놓고 나오라는 말대로 침대 위에 돈을 놓고 나왔다. 방을 정리하는 이들에게 주는 팁이라고 했다. 그때 생긴 일이리라. 나는 1달러 대신 100달러짜리를 내놓았던 것이다. 돈의 크기가 1달러와 100달러가 비슷하지 않던가. 내 착오로 벌어진 일이었다. 100달러를 받은 사람이 감사의 표시로 꽃과 과일을 가져다 놓은 것 같았다. 그렇다면 나는 마음에도 없는 기부를 한 셈이다.

나는 왜 이렇게 정신없는 일을 자주 저지르는 걸까. 돈의 행방을 알아서 그런지 마음 편하게 잠은 잘 잤다.

우리는 이틀 밤을 잔 호텔에서 다음 일정을 위해 소지품을 다 챙기고 나왔다. 우리가 완전히 짐을 싸서 들고 나오는데, 호텔 종업원으로 보이는 젊은이가 내 뒤를 따라왔다. 웃는 얼굴이 순해 보이는 청년이다. 두 손을 가슴에 모으고 경의를 표하는 걸 보니 내 짐작이 맞았나 보다. 나도 손을 흔들어 주었다. 그는 팁치고는 큰돈을 받은 것이 순전히 나의 실수였음을 알지 못하리라.

나는 내가 실수를 잘하는 것도 화가 나고 괴롭지만 남의 흠이 눈에 잘 띄는 것도 괴롭다. 가방이 바뀌어서 울었던 그녀는 아담하고 예쁘장한 사람인데, 누구에게나 섬김을 받고자 해서 내 눈에 거슬렸다. 자신이 고생고생해서 살림을 일으킨 터라 남편에게 공주대접을 받고 산다면서 늘 자랑했다. 집에서 대접을 받으면 되었지 밖에 나와서까지 그 대접을 받으려 하면 되겠는가. 그녀가 억지를 부려서 같은 방 파트너가 된 사람은 교회에서 착하기로 소문이 난 사람이다. 나이가 위인데도 그녀를 받들어 주는 모습은 거의 심부름꾼이라 부를 정도였다. 나는 그들이 눈에 띄면 화가 나서 미운 소리를 해주고 싶어 못 견디는 나를 발견했다.

나는 성지순례를 꿈꾸었고, 하나님의 은혜로 순례여행에 동참하게 되었다. 얼마나 기뻐하고 감사했던가. 성경에 기록된 그 장소, 하나님께서 아들을 인간의 몸으로 보내시고 인생을 살게 하신 곳, 그 예수님의 발자취를 직접 밟아 볼 수 있다니. 나는 이 여행을 통해서 나의 신앙고백이 진실해질 것을 믿었고 다짐도 했다.

나는 복잡한 일상에서 벗어남으로 깨끗하게 마음을 비우고 순수한 믿음으로 채우기를 원했다. 그런 내가 출발부터 남들이 하는 행동을 보고 짜증을 냈다. 나는 남의 가방을 내 가방으로 착각하고 맨 먼저 들고 방으로 들어와 버렸다. 그녀가 놀라서 울부짖을 때 비웃기까지 했다. 미국 화폐를 잘못 보아 내

비상금이 줄어들어 그것에 신경 쓰느라 순례길에서 보이는 것도 제대로 감상하지 못했다.

그뿐인가. 이제는 나와 상관없는 남의 관계에 화를 내고, 비판하고 있는 자신을 발견했다.

남을 비판하고 나아가서 미움으로까지…이러한 나를 알게 되니 자신이 싫어진다. 마음속에서 돋아난 가시가 남을 찌르려 하고 나를 찔러댄다. 마음의 정결은커녕 먼지와 쓰레기를 모으고, 가시울타리를 만들고 있었다. 이러한 나를 발견하자 나는 비로소 "주님" 하고 부를 수밖에 없었다. 주변 사람들이 문제가 아니었다. 장소도 문제가 아니었다. 나는 언제 어디서나 주님께서 도와주시지 않으면 안 되는 존재였다.

이스라엘에서 우리를 인도해 주었던 여행 가이드는 목사님이었다. 구약학 박사학위를 얻기 위해서 유학을 온 분으로 현지의 역사와 지리에 밝아서 순례여행에 도움이 되었다. 예수님은 부활하신 후에 베드로에게 "네가 나를 사랑하느냐"고 세 번 물으시고 "내가 주를 사랑합니다"라는 세 번의 대답을 받아내셨다.

가이드 목사님이 베드로 통곡교회 앞에서 들려준 말은 인간의 연약함은 예나 지금이나 같다는 것이다. 항상 앞장섰던 예수님의 수제자 베드로는 주님이 잡히시던 밤에 "나는 그를 알지 못한다"라고 세 번 부인했다. 닭이 울자 베드로는 "네가 나를 세 번 부인하리라" 하시던 예수님의 말씀이 생각나서 통곡했다. 가이드 목사님이 베드로 통곡교회 앞에서 "세 번의 부인에 세 번의 사랑 고백은 베드로의 수치심을 씻어 주시는 예수님의 사랑입니다"라고 설명하면서, "우리는 주님 앞에서 뻔뻔한 신앙을 가질 수밖에 없는 존재"라고 덧붙였다.

나는 그때 그 말에 위로를 받았다. 성지를 순례하는 축복의 시간에도 감사한 마음은 밀어놓고 어두움을 불러들인 나 아니던가. 베드로 통곡교회의 지붕 위에 오도카니 서 있는 한 마리의 낡은 수탉 모형은 베드로의 세 번의 배반을 기념한 것이다. 자랑이 아니라 수치심을 오래오래 기억하게 해 주는 상징이다.

나는 성지순례 여행에서 많은 것을 보고 느꼈는데, 그중 베드로 통곡교회 앞에서 보고 들은 것이 가장 깊은 감명으로 남아 있다. 나는 잠에 취해 늦게 일어나 예배시간에 늦어도, 미안한 생각이 들어도, 기도가 술술 나오지 않아도 교회로 간다. 나는 뻔뻔한 신앙을 가진 모양이다. 그래도 좋다. 나는 약해도 나의 아버지 하나님은 위대하시니까.

비싸게 산 군걱정

금년 겨울은 추운 날이 많다. 장롱 안에 걸어만 두었던 밍크 코트를 입기로 했다. 입으면 덩치가 강조되어서 입지 않던 옷이다. 후리후리하게 큰 키에나 어울릴 그 털옷을 내가 입으면 막내딸의 염려대로다.

"엄마가 싫어하는 타입이 될 텐데."

어느 해인가 춥고 바람 부는 날이었다. 한 동네에서 같은 교회에 다니는 집사와 같이 마을버스를 기다리고 있었다. 날씨는 추운데 기다리는 차는 안 왔다.

그 집사가 몸을 움츠리며 하는 말이다.

"이렇게 추운 날엔 아들 가진 사람과 딸 가진 사람이 표가 난다."

내가 무슨 표가 어떻게 나느냐고 물었더니 아들 있는 사람은 밍크 코트 입고, 딸 있는 사람은 못 입는다고 대답했다. 내가 "요즘은 딸 가진 사람이 비행기 탄다고들 하잖아?"라고 했더니 "어디가? 말쟁이 말인기라. 봐라. 니나 내나 딸 공부 많이 가르쳐 놓고 이기 뭔고? 아무개는 아까 밍크 오바 걸치고 차에 타드라" 하는 것이었다.

아무개라고 불린 사람은 내가 잘 아는 사람이다. 효심이 지극한 아들 덕에 노년이 활짝 피었다고 모두가 부러워하는 사람이다.

'기어이 샀네.'

자기는 이제 밍크 오바가 입고 싶다고 해서 "지금 입고 있는 털옷도 비싸고 좋은 건데 왜 그래?"라고 만류한 적이 있다. 그가 입은 무스탕 코트는 분홍빛이 도는 보라색에 진한 보랏빛 여우털로 목둘레를 장식한 멋진 옷이었다. 그 옷이 싫증이 난단다. 그래서 대문 앞에다 버렸는데 아까워서 바로 나가 보았더니 없어졌다고 했던 일이 엊그제였다.

나는 손자를 돌보다가 급하게 나오느라 제대로 못 입고 나왔는데, 남이 새로 사 입었다는 털옷과 비교가 되어, 새삼 내 허술한 차림새를 보니 은근히 화가 났다. 괜히 노여웠고, 몹시 추웠다. 마침 막내딸이 왔기에 그 집사가 했던 말을 그대로 옮겼다. 무스탕을 버렸더니 곧바로 밍크 옷을 사주었다는 남의 아들 이야기를 곁들여 가면서, 딸만 있는 내 처지를 대놓고 한탄한 거다.

딸들은 입들이 빠르다. 내가 한마디 하면 저희끼리 쪼르르 연락한다. 이튿날 바로 나를 데리고 대바겐세일이라고 크게 써 붙인 모피상회로 갔다. 말이 세일이지, 수백만 원, 아니 천만 원대까지 가격표가 붙어 있는 옷들이 가득 차 있었다. 그 수많은 옷 중에서 이 옷 저 옷을 고르면서 입어 보았으나 나와 썩 어울리는 옷은 없었다. 근사해 보이는 옷은 너무 비싸서 옆에 가기도 무서웠다. 내 눈에는 스타일은 안 보이고 가격만 보였다. 나는 값이 비교적 덜한 옷을 고르고, 딸들에게 그 코트가 제일 마음에 든다고 우겼다. 평범하고 몸이 더 커 보이는 옷이었다.

나는 겨울을 여러 해 보내면서도 그 코트는 잘 입지 않았다. 우리나라 겨울은 털옷 입을 만큼 춥지도 않았지만, 입어 보면 어벙하고 스타일도 별로였다.

내가 밍크 코트를 산 그해에 내 주변의 사람들도 하나 둘 사기 시작했다. 무슨 유행처럼 말이다. 어떤 이는 자식 몰래 사서 남의 집에 맡겨 놓았다가 가져가기도 했다. 내 친구 중 하나는 코트를 한 벌씩 사서 주고받는 것으로 혼수를 대신하자고 했다. 안사돈은 기뻐했고, 사돈끼리 나란히 밍크 코트를 입게 되었다.

이렇게 밍크 코트를 마련한 사람들이 잘 입지 않았다. 어떤 이가 평소에 멋쟁이로 알려진 사람인데 밍크 코트를 고쳐 입고 나타났다. 허리 부분을 살짝 들어가게 해서 아담하게 자르고 자른 부분은 긴 목도리로 해서 늘어뜨리니 멋있게 보였다. 털옷을 전문적으로 고치는 집이 따로 있고, 고치는 삯이 비싸서 웬만한 외투 한 벌 값이란다.

내 친구도 옷을 고쳐 입어야겠다면서 가까이 지내던 옷 수선 집에 맡겼다. 우리 교회에 데리고 나오려고 열심히 드나드는 집이다. 고객과 일감을 챙겨 주던 차에, 비싼 삯을 이왕이면 그에게 주면 좋은 일 아니냐면서 이리저리 지시하고 옷 모양을 말해 주면서 고치게 했다. 옷 수선하던 이도 민첩하고 똑똑한 편이라 자신 있다고 했는데, 결국 깡똥하게 길이만 잘라내어 입기 곤란한 괴상한 옷을 만들어 버렸다. 그 옷은 안사돈과 서로 혼수로 주고받았던 바로 그 옷이다. 사람들은 그걸 보고 비싸지만 털옷은 전문적으로 고치는 집에 맡겨야 한다고들 했다.

어느 날, 모임에 같이 가기로 한 사람이 커다란 보퉁이를 들고 나타났다. "그거 무슨 짐이요?" 물었더니 시어머니 밍크 코트를 수선하려고 하는데, 너무 손볼 것이 많아 잘 될지 걱정이란다.

"어떻게 손을 보아야 하는데요?"

사놓고 오랫동안 안 입고 장롱 속에 넣어 두었더니 털에 붙은 가죽에 금이 가더니 조각조각 갈라지기 시작했단다. 동물 가죽이라 바람과 습기를 못 받으면 그렇게 되나 보다 하고 매우 심란해하며 보퉁이를 풀어 보이는데 상태가 심각했다. 가죽이 만지기만 해도 쿡 찢어지고 털도 찢어졌다. 손을 댈 수가 없었다.

나도 내 옷이 걱정이 되었다.

'안 입고 처박아 두면 내 옷도 저 꼴 되겠네.'

집에 돌아와서는 맨 먼저 장롱을 열고 옷을 자세히 살펴보았다. 아직은 괜찮았다. 이제 바람과 공기를 통해 주려면 자주 입어 주어야겠다고 생각했다.

금년엔 추운 날이 많아서 밖에 나갈 때 입고 나간다. 털이라 따뜻하긴 하지만 스타일은 역시 영 아니다. 입고 나서는 내 모양새가 거울이나 유리창에 비치면, 내 모습을 안 보려고 재빨리 지나간다.

입지 않고 오래 두면 아까운 그 옷이 가죽부터 조각조각 갈라져 버리리라. 남의 아들과 비교해가며 딸들을 동원해서 산 옷은 멋지지도 않았고 쓸데없이 부담감만 가는 옷이 되고 말았다.

바람 부는 어느 추운 날, 마을버스 정류장에서 나로 하여금 딸만 가진 자의 허전한 마음을 자극해서 밍크 코트를 사게 한 그 집사님은 하나뿐인 딸, 자기 말대로 많이 가르친 딸, 미인으로 소문난 그 딸이 먼 섬으로 떠나는 선교사와 결혼하고 가게 되니, 자기도 살고 있던 전세금을 빼내어 딸 부부와 함께 선교지로 떠났다. 가는 날 배웅하는데 얼굴에 웃음꽃이 활짝 피고 아주 행복한 모습이었다.

그곳은 더운 나라라 밍크 코트가 필요 없으리라. 사놓고 고민하며 고치려고 목돈 들일 일도 없으리라. '입지 않고 처박아 두면 가죽이 갈라지고 찢어지면 어쩌나?' 하는 걱정 따윈 안 해도 되겠지.

사람들이 모인 곳

유복하게 살아온 나이든 부인을 교회로 인도하여 몇 번째 예배를 드릴 때다. 늘 동부인해서 부인을 따라 다니던 남편이 보이지 않았다. 당연히 옆자리에 앉아 있어야 할 남편인데 아무리 기다려도 오지 않았다. 예배가 시작했는데도 감감 무소식이다. 부인은 좌불안석 어쩔 줄을 몰라 했다. 드디어 예배 도중에 부인이 벌떡 일어서서 사방을 살피기 시작했다. 그때 그녀 뒤에 앉아 있던 젊은 교인이 그녀의 옷자락을 확 잡아서 주저앉혀버렸다. "좀 앉아요." 그녀의 앙칼지게 쏘아붙이는 소리에 나는 뜨끔 했다. 모욕감을 느꼈을 것이다.

평소 싫은 소리를 들어본 적이 없을 텐데 일면식도 없는 젊은 사람이 여러 사람 앞에서 준 무안을 견딜 수 있으려나. 순간 나는 이렇게 소곤댔다. "교회에도 나쁜 사람 많아요."

그녀가 대답했다. "그랴, 맞아."

그날 목사님의 설교가 우리가 주고받은 대화를 뒷받침해 주어서 얼마나 다행이었는지 모른다.

노아의 방주 이야기였다.

당시 하나님이 물로 세상을 심판하셨는데 노아가 만든 방주속에 들어간 생명들을 모두 구원을 받았다. 그중에는 정한 짐승들이 있었고 부정한 짐승들도 있었다. 정하고 부정한 것을 가리지 않고 방주 안으로만 들어가면 살 수 있었다.

오늘날 교회 역시 방주 안으로만 들어가면 살 수 있었다.

목사님이 "옆 사람에게 물어 봅시다, 넌 정한 짐승이냐? 부정한 짐승이냐?" 나를 따라온 그녀와 나는 마주 보면서 서로에게 물었다. "부정한 짐승." 우리는 동시에 똑같은 같은 대답을 했다. 가슴에 손을 얹고 생각하면 나는 분명 부정한 쪽에 속한다.

그녀가 말했다. "목사님이 참 재미있고 실력이 좋네."

그날 그녀는 남편이 옆 좌석에 돌아오지 않았어도 평온한 가운데 예배를 잘 드렸다.

삶을 오래 살아온 사람들은 통하는 게 있다. 인간이라는 존재가 얼마나 허물투성이인가를.

교회는 사람들이 모인 곳이다. 물론 빛의 사람들이 있다.

햇살처럼 따스하고 경건한 사람들로 해서 정겹고 아름다운 공동체이다. 사람은 빛 자체가 아니고, 햇빛을 받아 되쏘아 보내는 달과 별들 같은 존재라고나 할까.

사방이 막히면 위를 보라

나는 사방을 둘러보았다. 아무도 없었다. 캄캄절벽에 나 혼자 서 있다고 생각했다. 저절로 터지는 "내가 산을 향하여 눈을 들리라 나의 도움이 어디서 올까" 나의 울음 섞인 호소가 신호가 되었다.

"너의 도움은 천지를 지으신 여호와에게서로다."

지으신 분의 현존이 느껴진다.

"너를 실족하게 아니하시며, 너를 지으신 이가 졸지 아니하시리로다."

그분께서 손수 지으신 진흙인 나. 이 말씀은 내가 기적 사이로 소리 없이 들어가는 통로가 되었다. 나는 거기서 빛으로 가득한 그분의 빛 한 가닥을 붙잡았다. "일상으로의 초대"라는 노래 제목처럼 나의 소소한 일상에 그분이 함께하심을 느낀다.

　겨울날 새벽 추위 속에 무거운 보따리를 양손에 들고 딸네 아파트 건물 앞에 섰다. 그런데 열쇠 카드가 없다. 실컷 챙겨서 나온다고 왔는데 식탁 위에 올려놓고 그냥 나왔다. 본래 정신없는 일을 잘 저지르는 편인데 나이가 들어가니 더욱 심해졌다. 아이들의 아파트 앞 현관문이 아니라 건물의 출입문이라 이 새벽에 아파트 관리사무소 직원의 도움 없이는 안 되는데 번호를 알 수 없다. 날씨가 추워지니 나다니지 말라고 신신당부한 딸의 말을 듣지 않고 집을 나서서 딸에게 퉁을 먹을 것이 분명하니 전화로 부를 수가 없다. 속으로 중얼거린다.

　'정신머리 없는 저, A/S 안 될까요?'

　이른 새벽이고 공기는 차가웠다. 어두움이 가시지 않은 인적 없는 바깥에 우두커니 서서 사방을 둘러보았다. "작은 신음에도 응답하시니"라는 복음성가 가사가 떠오름과 함께 어둑한 저 아파트 안쪽에서 누군가가 문을 열고 나왔다. 날이 밝지 않았는데도 출근하는 이가 있어서 그 틈에 나는 안으로 쏙 들어갔다. 고맙다는 인사를 했더니 고개까지 숙이면서 인사를 한다. 예의도 바른 젊은이다.

　내가 현관으로 가서 문을 두드리자 "엄마야?" 하면서 딸이 반갑게 나를 맞이한다. 부지런한 손자는 달려와서 들고 있는

짐을 받아든다. 내가 열쇠 없이도 고생하지 않고 들어왔다고 하면서, 이제 기억력도 떨어지고 갈 날이 멀지 않았다고 한탄하자, 딸은 젊은 자신도 정신없을 때가 많으니 걱정 마시라고 위로해 주었다.

내가 부족해도 나를 고치시기 전에 다른 이들에게 도움도 받고 위로도 받는다. 사방을 둘러볼 것 없다. 내 안에 그분이 계시므로.

사람을 의지할 때

요즈음에 TV에서 소년등과(少年登科)한 어떤 사람의 음울한 표정을 보고 느끼는 것이 있다. 그가 검찰에 자주 불려 다니는 것을 보면 '일찍 출세한 것이 그렇게 좋은 것만은 아닌가 보다'라는 생각을 갖게 한다.

성경을 공부하면서 구약에 나오는 다윗의 다사다난한 인생 행보를 읽게 되었다. 그야말로 최연소로 소년등과를 한 사람이다. 목동으로 양을 지키다가 하나님을 모욕하는 적군 대장에게 물매를 던져 거인 적장의 이마를 맞춰서 그를 쓰러뜨린 후 그 목을 베어 이스라엘을 승리로 이끌었다. 그는 이스라엘 최고의 영웅이요 성군으로 불리며, 예수 그리스도의 육신의 조상 중 한 사람이기도 하다.

그의 영욕이 점철된 삶에서 우러난 뼈저린 고통의 부르짖음과 기적적인 구원, 거기에서 오는 기쁨과 감사를 시로 토해낸 책이 시편이다. 동서고금에 이르러 그의 시편은 수많은 사람들의 삶에 영향을 끼쳤다. 내 가까이에 있는 한 사람은 영어 공부를 하려고 시편 23편을 외우다가 평생 동안 그 말씀을 양식으로 삼고 살았더니 어려움이 극복되고 평탄하게 산다는 말을 입에 달고 산다.

소년 다윗은 양 떼를 지킬 때 사용하던 물매를 던져서 태산같이 우람한 적장 골리앗의 이마를 맞췄다. 곧바로 그의 목을 베어 이스라엘 진영으로 달려옴으로 적군은 혼비백산 물러가고 전쟁에 승리했다. 이후 그는 군대 장관이 되었고, 왕도 그를 사위로 삼았다.

다윗은 군중들에게 "사울이 죽인 자는 천천이요 다윗이 죽인 자는 만만이로다"라는 칭송을 듣게 되었는데, 그것이 바로 임금이요 장인인 사울 왕의 질투심을 일으켜 사울에게 쫓기는 신세가 되었다. 시기와 질투는 예나 지금이나 상대가 누구고 간에 상관이 없나 보다.

다윗이 블레셋 영웅 앞에 나설 때는 오직 여호와의 이름으로 나아간다고 외쳤다. 그때 기적이 일어났고, 명성을 얻은 것이다. 명성을 얻고 보니 위험이 닥쳤을 때, 오직 여호와라는 생각과 말은 사라지고 자신의 명성에 기대어 사람들을 찾아갔다. 맨 먼저 놉 땅에 있는 제사장에게 갔다. 제사장은 아무것도 줄 것이 없어서 제물로 올린 거룩한 떡과 승리의 기념으로 성전에 보관한 골리앗을 죽인 칼 한 자루를 주었다. 그로 인해서 뒤쫓아온 사울 왕에게 그 제사장의 가족과 일가친척은 물론 그 지역 제사장 85명이 다 죽임을 당하고 말았다.

다윗은 적국에까지 숨어 들어가서 목숨을 구걸했다. 곧 정체가 드러나자 미치광이 행세로 겨우 생명을 부지하고 아둘람 굴속으로 숨어들어갔다. 사면초가, 어디에도 기댈 곳이 없어지자 비로소 여호와 하나님을 찾았다. 다윗의 주변에 사람들이 모여들었다. 환난당한 모든 이와 빚진 자, 마음이 원통한 자들이다. 그들 역시 사면초가일 수밖에 없는 사람들이다.

그들이 숨어 있는 굴속으로 사울이 혼자서 걸어 들어왔다. 무장을 해제하고 엉거주춤 앉은 모습을 보고 '뒤를 보고 있을 때 죽이자'고 했다. 뒤는 혼자 보는 것이라 아무도 거느리지 않았으니 절호의 기회였다. 굴 안에 숨어 있던 사람들은 칼을 들고 다윗을 향해서 눈짓을 했다. 하지만 다윗은 다가가서 뒤를 보고 있는 사울의 옷자락만 살짝 베어내었다.

"하나님이 기름 부으신 왕을 손댈 수 없다."

이것이 다윗의 믿음이었다.

그 후 사울은 그 옷자락을 보여주는 다윗에게 "내 아들아"라고 부르며 울면서 사과를 했다. 그러나 마음이 또 변해서 군대를 몰고 다윗을 잡으러 다녔다.

이번에는 광야에 진을 치고 밤낮을 쫓다가 피곤에 지쳐 잠이 들었다. 왕과 부하들이 모두 자고 있어서 다윗과 그의 사람들이 그들에게로 다가가도 아무도 알지 못했다. 다윗은 쉽게 그를 칠 수 있었으나 머리맡에 있는 창과 물병만을 가지고 돌아왔다. 다윗은 기회가 왔으나 사울을 해치지 않았다.

자신을 죽이려는 사람을 죽일 수 있는 기회도 있었으나 그가 행하지 않았던 것은, 하나님의 마음을 헤아리려는 노력이었다. 자신과 사람들을 의지하던 그가 변하여 점점 하나님의 마음속으로 깊숙이 들어간 것이다. 그는 어떻게 13년간을 도망 다니면서 그 고통을 이겨내고 40년 동안 왕 중의 왕으로 영광을 누리며 살았을까. 그의 외침, 그의 부르짖음, 그의 환호를 노래로 부른 것이 시편이다. 그는 이렇게 노래했다.

"내가 지존하신 하나님께 부르짖음이여 곧 나를 위하여 모든 것을 이루시는 하나님께로다"(시 57:2).

살면서 힘들고 어렵고 고통스러울 때 하나님께 기도드리려

하는데, 생각 속에 하고 싶은 말이 범벅되어서 중언부언할 때는 다윗의 시편이 도움을 준다.

"내가 산을 향하여 눈을 들리라 나의 도움이 어디서 올까 나의 도움은 천지를 지으신 여호와에게서로다"(시 121:1-2).

이렇게 시작하면 기도가 된다. 수천 년 전의 소년 영웅 이스라엘의 왕 다윗의 고백을 내 고백으로 삼을 때, 나도 하나님께로 더 가까이 다가간다. 기도의 문이 열린다. 사람은 너 나 할 것 없이 의지할 존재가 못 된다.

다윗은 우리가 의지하고 믿을 분은 오직 하나님 한 분뿐임을, 그가 남기고 간 시편을 통해서 지금도 가르쳐 주고 있다.

사람 노릇

나의 아버지는 내가 자랄수록 신기했다고 한다. "갓 낳았을 때 툭 튀어나왔던 옆 머리통이 어찌 이리도 가지런하고 동그랗게 되었나, 눈은 쭉 찢어지고 금만 있었는데, 어찌 이리도 얇은 눈꺼풀에 크지도 작지도 않은 보기 좋은 눈이 되었을까" 하면서 목마를 태우고 다니기를 좋아했다.

이런 아버지가 왜 늘 존중하고 자랑스러워하는 아내와 딸을 두고 집을 나갔는지 알 수가 없었다. 할아버지를 모시고 사는 어머니는 불편했겠지만 나는 별 지장 없이 지냈다. 할아버지의 고향에서 때마다 곡식이며 과일이며 돈도 가져다주는 이들이 있었고, 할아버지는 박식한 한문 실력으로 한약방을 열었다. 말하자면 무자격 한의원이었다.

할아버지는 내가 비록 딸이지만 사람 노릇을 할 아이라고 늘 말했다.

　나는 할아버지의 기대에 부응해서 한자 공부도 열심히 했고, 학교에서도 공부 잘하는 아이로 통했다. 그런 내가 할아버지에게 엄청 혼이 난 일이 있다. 공부 중에 역사 인물을 외우느라 "이성계, 이성계" 이름을 불렀더니 "저런 못된 것이 있나, 태조 대왕님 함자를 함부로 부르다니" 하고 소리치는 게 아닌가. 나도 질세라 "할아버지, 이씨 조선을 세운 사람이 이성계라고요" 했더니 "못된 것 같으니라고, 말버릇 좀 봐라. 요즘 것들은 다 못돼 처먹었다. 가르치는 것들이나 배우는 것들이 모두"라고 호통을 치셨다.

　나는 할아버지의 성낸 얼굴과 처음 하는 험한 말 때문에 놀랐고, 할아버지의 그런 모습을 이해할 수도 없었다.

　'이성계 그 사람은 역사 속의 왕이고, 지금 우리 할아버지는 그의 신하도 아니지 않나. 별일이네.'

　할아버지는 내가 쓰는 한문을 보여주면서 이렇게 말했다.
　"조상의 은덕을 모르는 것은 짐승만도 못한 일이다. 우리 조상 중에는 이씨 왕조에서 크게 쓰임 받고 승지공 벼슬을 한 어른이 계셨다. 그분이 임금님으로부터 받은 관도 있는데 순금으로 글자도 쓰여 있단다. 지금도 우리 조상의 묘에 들어 있단다. 그리고 우리 고향땅 이름이 왜 피노리인 줄 아느냐. 그건 노론을 피해서 와서 피노리라고 했단다."

조상의 내력과 고향을 말하면서 할아버지는 나에게 딸이지만 아들 노릇을 해야 한다고 말했다. 할아버지가 나를 두고 사람 노릇을 말한 것은 결국 아들 노릇을 하라는 뜻인가.

언제인가 우리 고모가 내 또래 여자애를 우리 집에 맡기고 갔다. 몸집은 나와 비슷했는데 나이는 나보다 세 살이나 많았고, 얼굴이 작고 예뻤다. 학교에 넣어야 한다는 우리 어머니 말에 나와 같은 학교에 1학년으로 입학을 했다. 나는 3학년이고 고모 딸인 언니는 1학년이어서 항상 일찍 끝나서 늦게 끝나는 나를 기다리고 있다가 집에 같이 오곤 했다.

언니는 나이가 많아서인지 나에게 화도 잘 내고 사납기도 했다. 때로는 내 손을 꼬집기도 했으나 나는 참았다. 어쩐지 불쌍하다는 생각에 어른들에게 일러바칠 수가 없었다. 할아버지의 표가 나는 편애 때문이기도 했다. 할아버지는 배를 깎아서 나만 주었고, 남은 것도 종이로 덮어 두었다가 다음에 또 나를 주었다. 언니에게 "너는 먹을 처지가 안 돼"라고 했으니 언니가 얼마나 화가 났을까.

우리 할머니가 고향에서 잠시 내려온 일이 있는데, 그때는 언니가 기를 펴게 되었다. 할머니는 양반집 딸로 청춘에 소박을 맞았다는 말을 듣고 살았다. 할머니는 할아버지가 일찍이 연애해서 아들까지 둔 정든 임이 있는데 결혼을 했단다. 내 아버지의 친어머니가 할아버지를 내쳤다고 하는데 잘 모르는 일이고, 마음은 딴 데 있는데 혼사는 양반끼리 또 치렀다.

아버지와 고모는 어머니가 각각 달랐다. 고향에서 온 할머니는 언니의 친외할머니이고, 나에겐 친할머니가 따로 있었는데 왕래는 전혀 없었다. 친척들의 말에 의하면 양반집 딸은 아닌데 인물이 빼어나서 부자와 결혼해서 잘살고 있단다.

나는 고향에서 온 할머니를 따라 교회당에 간 일이 있다. 그 교회당엔 신발장이 없었고 각자가 신발을 벗어들고 안으로 들어가야 했다. 할머니는 당신 신발과 언니의 신발만 싸서 들고 내 것은 그냥 그대로 놓고 안으로 들어갔다. 나는 그런 대접을 받은 적이 없어서 놀라서 우두커니 서 있었더니, 언니가 대신 내 신발을 싸서 들고 예배당 안으로 들어갔다. 할머니가 있는 동안 언니는 손녀 대접을 제대로 받을 수 있었다.

고모의 딸 언니는 얼마간 우리와 함께 지내다가 고모가 자리를 잡았다고 데려갔는데, 할아버지는 일부종사를 못하는 게 무슨 사람이냐고 모녀가 가는 것을 내다보지도 않았다.

우리 아버지는 해방이 된 다음 해에 돌아왔다. 와서 몇 년 후엔 아들을 낳았다. 나는 무남독녀 외딸이라는 부담에서 벗어났다. 우리 아버지도 외아들인데 아들이 생겨서 집안의 경사였다.

얼마 후 고향에서 할머니가 돌아가셨다는 소식이 들려왔는데, 우리 부모와 내 동생은 고향으로 갔고 할아버지는 가지 않았다. 나는 마당에서 고무줄놀이를 하고 있었는데 할아버지의 호통을 들었다. "지 할미가 죽었다는데 노래를 부르며 껑충껑충 뛰고 놀다니, 인정머리 없는 것" 하며 혀를 끌끌 차면서 나에게 화를 내었다.

우리 부모가 고향에 같이 가시자고 그렇게 말해도 끄덕도 않더니, 혼자서 미안하고 섭섭하고 슬픈 모양이었다.

우리 가족은 우리 남매의 교육 때문에 지방 도시로 나왔다. 할아버지도 시골 약방을 접고 우리와 함께 이사했다.

얼마 후에 우리 할아버지가 재혼을 한다고 해서 놀랐는데, 딸 하나 데리고 사는 얌전한 과부댁이라고 했다. 무엇보다 할아버지가 기뻐했고, 우리 부모도 좋아했다. 나는 할아버지의 신접살림에 관심이 많아서, 집에 있는 물건은 무엇이고 집어다가 할아버지 집에 가져가서 어머니의 야단을 맞기도 했다. 나는 '내가 사람 노릇을 할 아이'라고 해주신 할아버지의 기대가 좋았다. 내가 살아가면서 나의 존재감을 가질 수 있는 용기와 힘이 되기도 했다.

나는 무슨 구실을 만들어서든지 새살림을 난 할아버지 댁에 가려고 했다.

새로 온 할머니는 처음에 딸 하나만 데려온다고 했는데, 다 큰 아들이 따라왔고, 1년쯤 지나자 아기를 낳아서 식구가 많아져 버렸다. 그동안 고향에서 나르던 곡식이며 돈은 할아버지 댁으로 갔다.

아기 고모는 잘 자랐고 나를 보면 좋아했는데, 내가 학교에 근무할 때 고모는 초등학교 학생이었다.

우리 교사들은 교육청의 행사로 다른 학교를 참관할 때가 있다.

그때 우리가 간 학교는 내 어린 고모가 다니는 학교였다. 마침 청소 시간이라 복도 청소하는 학생들 곁을 지나고 있는데, 내게 쏠리는 시선이 느껴져서 쳐다보니 "내 조카다!" "정말?" 하며 소곤대는 소리와 함께 내 어린 고모가 고개를 푹 숙였다. 자랑스러움과 수치심이 섞인 동작이었다. 나는 받지 않는 눈길을 보내다가 그 자리를 떠났다.

고모가 고등학교를 마칠 때까지 우리 할아버지는 살아 계셨다. 할머니가 데리고 온 아들과 딸이 장성하여 고모와 할머니의 보호자가 되어 줄 때까지.

할아버지의 장례식에서 보였던 이들 남매의 진심으로 애통하는 모습과 통곡 소리만 들어도 알 수 있었다. 할아버지는 아버지의 역할을 잘하신 것이다.

할아버지네 가족은 할머니가 데리고 온 아들이 착실하게 가장 노릇을 했다. 어린 고모는 공부를 잘하더니 군에 입대를 했다. 여군 장교가 되기 위해서란다. 우리 아버지는 하는 일마다 잘 안 되어 우리 가족의 생계를 책임질 수가 없자 또 집을 나갔다.

나는 낮에는 학교에서 아이들을 가르쳤고, 밤에는 서울로 진학하는 아이들의 과외 공부를 시켰다. 나는 내 가족 때문에도 피곤하고 바빠서 할아버지의 남은 가족을 찾아볼 수가 없었다.

얼마 후 그들이 미국으로 이민을 떠난다며 만난 자리에서 할머니는 "네 할아버지는 너는 사람 노릇 할 거라는 말을 자주 하셨단다" 이렇게 나를 향한 내 할아버지의 기대와 사랑을 전해 주었다.

나는 과연 우리 할아버지의 말씀대로 사람 노릇을 하고 살았던가. 아니다. 다만 나를 고무하고, 나에게 용기를 주고, 나의 값어치를 스스로 인정하게 해준 그 말씀을 간직하고 고마워했을 뿐이다. 모든 기억이 희미해져도 나를 인정해 주던 할아버지의 말씀은 지워지지 않았다.

나는 예수 믿는 남편을 만나서 성경을 읽고 배웠다. 성경에는 하나님이 천지를 창조하시고, 그중에 당신의 형상대로 사람을 만드셨다고 쓰여 있다. 사람이 존귀한 존재임을 알려주는 말씀이다. 사람 노릇의 으뜸은 제 부모 공경이고, 이웃을 내 몸처럼 사랑하는 것이라고 말씀하고 있다.

나는 공경해야 할 할아버지도 아버지, 어머니도 이미 이 세상에 계시지 않고 친척들의 소식도 간간이 듣고 있을 뿐인데, 미국으로 떠난 할아버지의 새 가족들 소식은 전혀 알 수가 없다.

나는 살아갈수록 내가 사람 노릇을 못하고 살아왔음을 깨닫게 된다. 그러나 내가 살아 있는 동안 깨우침에서 한 발 한 발 실천의 길로 가기 위해 기도하며 노력하련다.

사람 노릇을 하려고.

'옛날 옛적으로 시작해 당신의 인생을 한 편의 동화처럼 쓰라'는 숙제.

생각대로 하시와요

    비가 내리는 건지 이슬이 뿌려지는 건지 모를 뽀얀 습기가 휘감겨 온다. 일단 우산은 챙겼으나 들고만 다녔다. 모임이 끝난 후 집으로 오는데 손이 허전하다. 손자가 빌려 준 우산을 두고 온 것이다. 내일 새벽에 찾기로 하고 집 안으로 들어와서 우산꽂이를 보니 하필이면 색깔 고운 파랑색 우산이 빠지고 없다. 비닐우산, 검정색의 크고 작은 우산들이 죽 꽂혀 있어서 그 중 색이 돋보이고 환해서 잘 보관하려던 우산을 빼어낸 것이었다.
    나는 우산을 잘 잃어버린다. 딸네 집에 왔다갔다하면서 들고 오고 놓고 오기를 반복하다 보면 우산을 총집합시켜 놓을 때도 있고, 비 내리는 어떤 새벽에는 들고 갈 우산이 없어서 교회도 못 갈 형편이라 파라솔을 꺼내 들어야 했다.

내가 잃어버리는 우산은 대개 아끼는 것들이다. 예쁜 소녀가 강아지를 끌고 가는 거나, 멋진 모자에 꽃무늬 스커트를 펼쳐 보이는 아가씨 그림이 그려져 있는 가격도 꽤 되는 우산들을 지하철 안에 두고 내렸다. 아끼면서 잘 챙기려 하면 잃어버리기 일쑤니, 나도 모를 일이다.

이번에 두고 나온 우산은 색과 모양도 예쁘지만, 손자한테서 빌린 것이라 그대로 잃어버릴 수는 없다. 나는 청소와 정리를 담당하는 분에게 전화로 부탁을 했다. 지금 세상은 물건이 흔해서 우산 같은 것을 가져가는 일이 거의 없기 때문에 안심했다. 다음 날 내 부탁을 받은 분이 다가왔다. 정리정돈 하다가 수많은 우산이 나왔는데 내가 말한 모양의 우산은 못 보았다는 것이다. 어쨌든 사무실 우산꽂이에 모아두었으니 찾아보시라는 것이다.

넓은 그릇 안에 수십 개의 우산들이 꽂혀 있었다. 그만큼 우산들을 놓고 간 것이리라. 이리저리 뒤져 보았으나 내 우산은 없었다. 파랑색에 가까운 것도 안 보였다. 나와 같이 가려고 기다리던 내 친구가 "그까짓 우산 하나에 왜 그렇게 난리를 피워?" 하고 핀잔이다.

"우리 손자 우산이라서."

나는 우산을 찾지 못한 채 한참을 머뭇거렸다.

다음 날 사무실을 들여다보니 비가 안 오는 날이라 주인 없는 우산들이 그대로 꽂혀 있었다. 나는 다시 들어가서 우산들을 뒤적였다. 파랑색만 보이면 빼내어 보고 "아닌데"를 연발하면서 계속해서 찾았다. 하도 열심히 찾으니까 옆에 있는 사람이 웃었다. 나는 그 우산을 꼭 찾고 싶었다. 손자의 손길이 닿은 파랑색 손잡이와 내리는 비를 가려 준 하늘빛 우산.

집념을 가지고 뒤지다 보니 비슷한 파랑색이 보였다. 깨끗하고 선명한 파랑색 바탕에 흰색이 섞여 있다. 아이용으로 작은 우산이다.

"이거 내가 가져가면 안 될까? 내 것 잃어버렸으니 대신 가져가면?"

갑자기 생긴 불량한 마음에서 나온 내 말에 항상 친절한 어여쁜 사무실 직원이 "생각대로 하시와요" 하고 사극에 나오는 말투로 대답한다.

'내 것 잃어버렸다고 남의 것을 대신 가져가?'

우리는 마주보고 웃었지만, 순간순간 튀어 오르는 내 이기심의 발로는 말릴 수 없으니 한심한 일 아닌가.

몇 해 전 우리 목사님이 부임한 때가 장마철이어서 우산 수백 개를 교회에 준비해 둔 적이 있었다. 교인들 비 맞고 다니지 말라는 사랑의 표시인데, 일 년도 못 가서 그 우산이 몇 개 밖에 남지 않았다. 기가 막힌 목사님이 강대상에서 "내가 이제부터 집집마다 심방해서 우산을 찾으렵니다. 챙겨 놓으세요"라고 하셨다. 나도 집에 도착하자마자 우산꽂이를 보았더니 보라색 교회 우산이 터억 꽂혀 있었다. 무심코 가져온 것이 아니라 멋 부리는 큰딸이 패션 우산이라면서 어여쁜 아가씨 그림이 그려진 우산을 선물로 주었는데, 놓고 온 지 잠깐 사이에 없어져 버렸다. 그때 나는 화를 내면서 "에이, 이거라도 가져가야지" 하면서 교회 우산을 들고 와버렸다.

나는 목사님 말씀을 듣고 곧바로 우산을 교회에 가져갔지만, 수백 개의 우산이 없어져 버린 요인 중 하나가 바로 나 자신이었음을 고백한다. 이 일을 계기로 나는 다시 한 번 남을 판단하거나 정죄하는 일은 절대로 해서는 안 된다는 것을 깨닫게 되었다.

선물

 나는 지하철을 타려면 줄을 설 때부터 노인 표시가 있는 곳에서 차를 기다린다. 앉아서 갈 좌석을 기대해서가 아니다. 요즘은 노인 승객이 많아져서 앉을 자리가 더 없어서 서서 갈지라도 그 편이 더 편하기 때문이다.
 어쩌다 밀리고 밀려서 젊은 사람 앞에 서 있게 되면, 나는 얼굴을 돌리고 되도록 내 눈길을 위쪽 선반이나 천장 쪽으로 향하게 한다. 대부분의 사람들은 휴대폰에 골몰하는데, 어쩌다 눈이 마주치면 자리를 양보하는 이들도 있기에 나이 들었다고 다른 이들에게 부담 주는 것이 미안해서이다.
 그날도 밀리는 통에 손잡이를 겨우 잡아 오른쪽 왼쪽으로 바꿔가며 매달리듯 서 있는데, 뒤에서 누군가가 내 옷을 잡아당겼다. 사람이 많아서겠지 하면서 그냥 서 있는데, 자꾸만 잡아당겨서 뒤돌아보았다. 나이 지긋하신 분이 앉아 있던 자기 자리를 나에게 내주며 앉으라고 하신다. 나는 괜찮다고 사양했다. 그러나 그분은 기어이 나를 끌어서 자리에 앉혔다.

나는 이분이 다음 역에서 내리시나 주의를 기울였는데, 아니었다. 그럼 다음 역인가 하고 보는데, 내리지 않았다. 또 다음 역, 다음 역에서도 내리지 않았다. 처음에는 감사하는 표정만 지었는데 시간이 지날수록 미안해 견딜 수가 없었다. 나도 자리에서 일어나 앉으라고 했더니 그분은 손을 저었다.

사실 나는 그날 먹어야 할 약도 거른 채 이리저리 분주히 걸은 데다 환승역을 두어 번 거쳤더니 몹시 피곤해서 서 있기가 힘들었는데, 그분이 자리를 내준 것이다.

내게 자리를 내주고 자신은 서 있는데, 멀리 가는 건 아닐까. 한 번 만난 적도 없는 나 때문에 불편을 감수하고 서서 가는 그분. 나는 마음으로만 감사해야 했다. 나는 강남역에서 내렸고, 내가 앉았던 자리에는 딴 사람이 얼른 앉아 버려서, 그분은 그대로 서서 가고 있었다.

그날 밤, CBS 텔레비전을 켰다. 즐겨 보는 '성서학당'이란 프로그램 시간이다. 성경을 쉽게 가르치는 목사님과 젊은 연예인이 게스트로 나온다. 궁금한 걸 질문도 하고 대답도 하는 재미있는 시간이라 나는 되도록 빠지지 않고 시청한다. 그날은 특히 내가 좋아하는 시편을 배우는 날이다. 시인이기도 한 그 목사님의 시편 강해는 특히 인기가 높다. 친구와 나는 그 시간을 놓치지 않으려고 서로 전화로 알려준다.

시편 128편을 공부하는 시간이다.

"여호와를 경외하며 그의 길을 걷는 자마다 복이 있도다 네가 네 손이 수고한 대로 먹을 것이라 네가 복되고 형통하리로다 네 집 안방에 있는 네 아내는 결실한 포도나무 같으며 네 식탁에 둘러앉은 자식들은 어린 감람나무 같으리로다 여호와를 경외하는 자는 이같이 복을 얻으리로다"(시 128:1-4).

강의에 앞서 목사님은 먼저 자신의 마음을 말한다. 자기 아내에 대해 평생 지니고 살아야 할 마음, "내가 저 사람에게 보내준 하나님의 선물인데…." 또 "우리들이 서로 서로에게 선물이 되어 주며 살아가면 세상이 좀 더 아름다워지지 않을까요?"라고도 하셨다.

'선물'이란 말은 먼저 반갑고 마음 훈훈하지 않은가. 크건 작건 간에 받으면 기쁘다. 많이 받을수록 좋고, 또 내가 주어도 기쁘다. 그런데 나는 나 자신이 누구에게 선물이 되거나, 또 되리라는 생각 없이 그저 그렇게 살아왔다. 살아오는 동안 받은 선물도 헤아릴 수 없이 많다. 그런데 또 마음으로 받은 선물은 얼마나 많은가. 우선 나를 보면 반겨 주는 것, 환하게 웃어 주는 것, 공손하게 인사해 주는 것, 나를 보면 기뻐하고 아는 척해 주는 것, 다정한 말들, 손 잡아 주는 것, 그것들은 내 마음으로 스며오는 따뜻한 온기요 향기 아니던가. 늘 받아 오면서도 당연시하고 스치면서 지내온 것들이 내가 살면서 받은 선물이었음을 깨닫는다.

지하철에서 처음 본 내게 자기 자리를 내주었던 그분, 자신도 나이 들었는데 나를 앉히고 서서 가던 그분, 불편을 겪으면서 남에게 자신의 편안을 제공한 그분에게서 잠시 잠깐 나는 또 귀한 선물을 받은 것이다.

생각해 보면 나는 알게 모르게 선물을 많이 받고 살아왔다. 이제는 나도 남에게 선물을 주면서 살고 싶다.

세겹줄

강남 환승역에서다. 좌석에서 일어나 짐을 챙기는데 어깨 쪽이 허전하다. 만져보니 메고 있던 핸드백 끈이 잡히지 않는다. "어? 내 핸드백!" 앞에 서 있는 사람들이 이상하다는 듯 나를 바라보았다. 나는 사람들의 시선을 뒤로한 채 열차에서 내렸다.

나는 오전 10시에 판교역에서 두 딸과 손자와 만나기로 했다. 입대하는 손자 배웅에 동행하기로 하고 간식을 준비해서 들고 가는 길이었다. 손에 든 간식 비닐백만 남았고, 모든 것이 다 들어 있는 핸드백을 잃어버렸다. 연락할 수도 없고, 차를 타고 갈 수도 없었다. 할 수 없이 찾아간 곳이 강남역 역무원실이었다. 우선 전화라도 빌려서 기다리는 애들에게 연락을 해야 했다. "어서 오세요"라고 예의 바르게 맞아 주는 직원은 내 낯빛을 보고 상황을 짐작하는 것 같았다. 우선 앉으시고 편하게 말씀하시란다. 나는 "전화 좀요" 하고 전화기를 빼앗듯이 해서 딸 중 하나에게 "엄마 핸드백을 잃어버렸다"라고 했다. 돌아오는 대답은 "엄마 치매야?"였다.

그럴 만도 했다. 얼마 전에도 손자들이 좋아하는 반찬과 간식을 만들어 들고 가다가 가방 한 개만 들고 내리고, 또 하나는 열차에 두고 내려 버렸다. 가버리는 열차를 멍하니 바라보다가 한참 뒤에 판교역 역무원의 힘을 빌려 찾은 일이 있었다. 그때 차를 가지고 마중 나온 딸의 애를 태운 일이 있다.

그에 비해서 이번에는 대형 사고다. 각종 카드와 현금도 꽤 되었고, 핸드폰과 시시콜콜 기록한 수첩, 심지어 딸네 집 카드 열쇠까지 몽땅 잃어버렸다. 나는 낯선 길에서 겨우 영혼만 붙들고 헐벗겨진 느낌이었다.

나는 역무원실에서 내 상황을 장황하게 설명한 뒤에 꼭 찾아 줄 것을 부탁하고 나서 일단 아이들을 만나야겠다고 했다. 인상 좋은 직원이 개찰까지 한 차표를 주었다. 나는 고개 숙여 감사를 전하고 판교행 열차를 탔다.

역에서 내려 허둥지둥 밖으로 나왔다. 아이들이 기다리기로 한 장소에 도착했으나 차가 보이지 않았다. 시간이 어떻게 되었는지도 몰랐다. 강남역 사무실에서 횡설수설하는 동안에 시간이 꽤 흘러가 버렸나 보다. 내 손에 핸드폰이 없으니 시간을 알 수가 없었다. 때늦은 추위가 섞인 찬비가 부슬부슬 내리고 있었다. 나는 비 내리는 거리에 우두커니 서 있을 수밖에 없었다. 그때 눈에 익은 모습이 역사 안으로부터 나왔다. 입대하는 아이의 이모 되는 내 딸이다.

"엄마, 어디서 이제 와?" 맨발에 대충 끌고 나온 운동화가 그 애답지 않게 흐트러진 모습이다. 많이 놀란 것 같다. 치매노인 찾아 나선 보호자 같다. 핸드백을 잃어버린 나는 졸지에 치매 환자가 된 셈이다.

입대하는 손자를 배웅키로 한 계획은 수포로 돌아갔고, 딸이 쥐어 준 돈과 차표를 들고 집으로 되돌아오는 자신이 매우 처량했다.

'내 존재는 가치가 있는 것일까.'

집에 와서 전화기를 들었으나 딸네 번호조차 알 수가 없었다. 나의 모든 정보가 핸드폰에 저장되어 있기 때문이다. 그 조그만 기계에 나의 뇌의 일부가 옮겨간 것 같다. 그것을 의지하고, 그것에게 전적으로 맡겨 버렸다.

'오! 핸드폰아, 너는 어디 있느냐?'

무력해진 나에게 유일하게 전화번호가 찍힌 우리 교회의 주보가 눈에 띄었다. 교회 사무실에 전화를 했다. 다행히도 내 음성을 알아듣고 반갑게 맞아 주는 이가 있었다. 친절하고 어여쁜 우리 교회 사무원 집사다. 나는 핸드백 잃어버린 이야기를 했다. 나는 무엇보다 핸드폰을 꼭 찾아야 했다. 그것을 찾도록 기도 부탁을 하려고 하니 가까운 이들 전화번호를 알려 달라고 했다. 그녀는 여기저기 연락처를 알려 주면서 자신도 열심히 기도하겠으니 염려 말란다.

"예쁜이가 마음도 좋네."

칭찬까지 해주고 나서, 나는 가까운 이들에게 일일이 전화로 기도해 줄 것을 부탁했다. 평소 내 습관을 잘 아는 이들은 핸드폰과 늘 기록을 일삼는 수첩까지 잃어버렸단 걸 매우 안타까워하고 하나님께 기도하겠다고 약속했다. 비로소 냉하고 허전한 내 마음에 온기가 돈다. 나 혼자가 아니라 힘을 보태 주는 사람들이 있다는 생각에 용기가 생겼다. 나 혼자의 외줄로 하나님께 다가가는 것이 아니고 여럿이 합하여 든든한 줄로 하나님께 매달리는 것이다.

나는 카드 회사와 핸드폰 회사에 분실 신고를 했다.

핸드폰을 개통해 준 회사에서 전화국으로 연결해 주었다. 전화국에서는 분실한 내 핸드폰이 어디 있는지 위치를 가르쳐 주었다. "방배역 5미터 구간에 있습니다"라는 말이 들렸다.

내가 핸드백을 어떻게 잃어버렸는지 생각이 났다. 방배역에서 차를 기다리다가 열차가 다가오자, 차 안은 더우리라 여기고 두르고 있던 모직 스카프를 홱 풀어 젖히는 바람에 어깨에 메고 있던 핸드백이 툭 떨어진 것 같다. 그런데 나는 간식이 든 비닐백만 들고 열차를 탄 것이다.

나는 방배역으로 갔다. '5미터 구간'이라는 말에 방배역 역사 안에 있을 것 같은 희망을 가지고, 내가 서 있던 자리에서부터 의자와 그 주변 쓰레기통까지 샅샅이 살폈으나 없었다. 나는 역무원실로 찾아갔다. 방배역 직원들도 친절하게 대해 주면서 가방에 들어 있는 내용물을 자세하게 물었다. "돈은요? 얼마나요?" "좀 되요"라고 대답하자, 같이 있던 직원들이 고개를 저었다.

지금은 늦은 오후, 이미 상당한 시간이 지났다. 자신들의 경험으로 볼 때 돈이 들어 있는 가방을 들고 오는 사람은 거의 못 보았다는 것이다. 돈은 가져가고 핸드백은 버리는 경우가 많은데 장소는 대개 화장실이라고 했다. 고맙게도 직원 하나가 앞장을 섰다. 자신은 남자 화장실, 나는 여자 화장실 문을 일일이 열어 보고 쓰레기통을 뒤지다시피 했으나 없었다.

나는 내 연락처를 물어오는 직원에게 별 기대를 안 하면서 알려주고 역사를 나왔다. 역사를 나왔으나 5미터 구간이라는 말에 미련을 못 버리고 방배역 부근의 큰 건물의 화장실을 찾아다녔다. 시꺼먼 쓰레기봉투를 맨손으로 만지면서 정말 열심히 뒤적거렸다. 물론 없었다. 나는 별별 지저분한 곳을 다 살펴보고 집으로 돌아왔다.

내가 할 일을 다해서인지 편안한 마음으로 잠을 잘 잤다.

다음 날 이른 시간에 전화기가 울렸다. 낯선 음성이다.
"여기 방배역인데요. 핸드백 잃어버리신 분인가요?"
"맞아요, 나요."
벅차오르는 가슴, 눈앞이 환해진다.
"핸드백 찾아가세요."
어찌 이런 일이, 내게도 기적이 일어난 것이다.
"날이 가고 해가 바뀌면서 우리는 기적 사이로 소리 없이 걸어가고 있습니다"라고 했던 어떤 이의 믿음의 고백이 나의 것이 되었다.

내가 방배역에 가서 먼저 핸드백을 열어보니 손끝 하나 대지 않은 채 현금과 내용물이 고스란히 있었다. 이것 또한 기적이 아닌가.

나는 우리 목사님이 늘 강조하시던 세 겹 줄 신앙의 기적을 체험하였다. 찾을 수 없었던 나의 모든 물건들이 내 손에 들어

온 것은 나를 위해서 간절하게 기도해 준 이들이 있었기 때문이다.

외줄보다 세 겹 줄이 단단하다. 끊을 수 없다.

나는 혼자만의 독불장군이 아닌 여럿이 마음 모아 부르짖어 준 기도의 덕을 보았다. 그 큰 힘을 확실하게 알게 되었다. 잃었다가 다시 찾은 핸드백 사건은 내 신앙생활의 방향을 분명하게 가르쳐 주는 계기가 되었다.

혼자보다는 여럿이.

외줄보다는 세 겹 줄, 믿음으로 연합하며 살아가리라.

소음 속에서

　신부님의 강연회가 오후 5시라고 했다. 우리는 2시에 만나서 강연회 장소인 종로의 모 서점을 찾아갔다. 빨리 가서 맨 첫 줄에 자리 잡을 요량이었다. 우리는 개신교 신자들이기에 아무래도 천주교 신자들에게 밀릴 것 아니냐는 생각에서다.
　우리가 너무 일찍 와서인가, 어디를 둘러봐도 강연회를 준비한 흔적이 없었다. 우리는 대형 서점 안에서 여기저기를 살펴보았다. 사람들이 오고 가는 로비에 줄을 쳐놓은 빈 공간이 있었다. 얼핏 보기에는 수리 중인 장소처럼 보였다.
　우리는 이참에 책 구경이나 하자고 마음먹고 서가로 갔다. 우리는 신부님을 만난다는 기대가 커서 책 구경을 하면서 기다리는 시간이 지루한 줄도 몰랐다.
　신부님 이름 앞에는 여러 가지 수식어가 따라붙는다. 스타 신부, 밀리언 작가라는 수식어가 가장 많이 붙는다. 나오는 책마다 베스트셀러 반열에 오르는 수식어로 알고 있다.

    우리는 기독교방송 프로를 즐겨 본다. 목사님들의 설교나 성경 강론도 즐겨 듣는데, 그중에 평판이 안 좋던가 인상이 안 좋은 강사가 나오면 즉시 천주교방송으로 채널을 돌리는데, 거기에서 차동엽 신부님의 강연을 듣게 되었다.

    신부님은 관악산 기슭 산동네에 살면서, 초등학교 4학년 때부터 중학교 3학년 때까지 겨울이면 매일 연탄을 나르며 살았단다. 그렇게 고생하며 자란 그가 이제는 사람들에게 희망을 안겨 주는 강연을 하고, 또 희망을 심어 주는 책을 내었다.

    요즈음 사람들을 기죽이는 흙수저니, 금수저니 하는 말이 유행하고 있으나 신부님에겐 해당되지 않았다. 그는 오늘날 사제가 되어 "절망의 유혹에 무방비로 노출된"(신부님의 표현) 이 세대에 하나님의 임재와 희망을 강연하고 있다.

    차 신부님이 쓴 책《무지개 원리》,《통하는 기도》는 여러 사람들이 사랑하고 서로 권유하는 책이다. 그 신부님이 오늘 새로운 책을 내고 강연을 하고 책에 사인도 해준다고 했다.

    4시 30분이 지나자 로비 한쪽의 줄 쳐진 곳에 의자가 놓인 것이 보였다. 앞에는 옹색한 대로 강대상도 놓였다. 여기가 강연 장소인가 보다. 준비하는 사람도 보이고, 뒤쪽에는 마이크 시설도 하고 있어서 물어보았더니 맞다고 한다.

사람들이 하나 둘 모여드는데, 우리가 예상한 만큼의 많은 사람이 몰려오지는 않았다. 우리는 앞에서 두 번째 자리를 잡고 앉았다가 "너무 앞자리 아냐" 하면서 두어 번 더 자리를 옮기기도 하면서 신부님을 기다렸다.

그때 화장품 냄새가 확 끼쳐오며 진한 화장을 한 십대 소녀 다섯 명이 보였다. 인솔자로 보이는 덩치가 큰 남자가 이 아이들을 정중한 태도로 우리 앞줄에 주욱 앉혔다.

이윽고 차동엽 신부님이 강대상 앞에 섰다. TV 화면에서 보던 모습보다 젊어 보이며 활기가 넘쳤는데, 검은색 양복 때문인가, 얼굴색은 좀 더 검어 보였다.

마이크에 이상이 있는지 윙윙 소리가 나고, 그 주변으로 사람들이 여전히 지나다닌다. 분위기가 영 소란스러웠다. 앞에 앉아 있는 소녀들은 강연자인 신부님은 바라보지 않고 손거울을 들여다보고 있다. 화장을 고치고 속눈썹을 치켜 올리는 데 열중했다.

신부님이 준비가 늦어서 죄송하다고 하고 강연 전에 질문을 주고받자고 제의했다. 앉아 있는 사람들은 응답이 없고, 한참을 어색하게 침묵하다가 한 중년 남자가 일어섰다.

"신부님께서 맡은 사역은 무어라고 생각합니까?"

도전적인 태도로 보였다.

'대드는 거야, 뭐야? 이상하게도 질문하네.'

내가 괜히 앞에 서 있는 신부님에게 미안했다.

차 신부님은 온화한 표정으로 이렇게 대답했다.

"사람은 태어날 때 각자 맡은 역할이 있나 봅니다. 저처럼 이렇게 앞에서 떠드는 신부가 있는가 하면, 삶으로 사는 신부가 있습니다. 바로 전에 강연회를 마치고 왔는데요, 제 다음 강사는 제게 열등감을 주시는 분이었습니다. 왜냐하면 저는 떠들지만, 그는 사는 분이기 때문입니다."

역시 차 신부님이다. 이어서 신부님은 열성적으로 희망에 대해서 강연했다. 이 절망하기 쉬운 때에 희망을 주고자 하는 사제의 열정이 드러났다.

대형 서점 로비, 서점은 안팎으로 볼일 많은 사람들이 이리저리 다니고, 소음과 먼지는 강연회 분위기로는 적합하지 않았다. 오직 신간 서적을 많이 팔기 위한 출판사 측의 뜻이 보인다.

차 신부님의 책을 선전하기 위해 모셨겠지만, 우리는 사람을 사랑하고 희망을 주고자 하는 사제의 열정을 느낄 수 있었다.

강의 도중에 어디선가 고소한 기름 냄새가 났다. 소녀 다섯 명을 데려다가 강연장 앞자리에 앉힌 그 남자가 나타났다. 그 애들은 거울을 보고 화장을 고치느라 강연도 듣지 않았다. 그 남자는 강의 시간인데도, 닭튀김과 음료수를 한아름 들고 와서 여자애들에게 "어서 먹어요" 하면서 나눠 주었다. 애들은 장소를 가리지 않고 낄낄대면서 닭튀김을 우적우적 먹고 음료수를 홀짝홀짝 마셔댄다.

사방에서 이는 먼지와 닭튀김 냄새까지 보태진 소음 속에서 우리의 사제는 희망에 대해 열강하고, 개신교 신자인 우리 세 명은 찌푸려진 얼굴을 펴가며 신부님의 강연을 듣고자 애썼다. 진리를 찾는 일에는 무슨 방해든지 끼어들 준비가 되어 있나 보다. 그 길은 멀고 먼 것일까.

우리는 현존하시는 하나님의 희망 메시지를 듣기 위해 도심의 번잡한 서점 로비에서 스타 신부님의 강의를 열심히 들었다. 여러 종류의 먼지 속에서.

손자, 선교원에 처음 간 날

오늘은 우리 한재가 영광선교원에 처음 가는 날이다.

3년 2개월 된 아기를 집에서 내보내 단체생활을 시킨다는데 동의한 내가 비정한 할미 아닌가. 날씨조차 추워서 두터운 오버를 걸쳐 주고 허름한 승합차 속에 아기를 넣고 나니 가슴이 아리다.

아기의 놀라고 또 각오한 듯한 얼굴이 떠오르자 안쓰럽다. '교회의 선교원이니까' 하고 애써 하나님의 교회에서 운영하는 곳이라고 나 스스로를 달래면서 아기를 맡기고 뒤돌아서는데 마음속의 불안이 가시지 않는다.

우리 아기는 너무 어렸다. 선교원 원복을 입혔더니 너무 커서 가느다란 다리에 내복을 껴입혀도 타이즈가 헐렁했다. 아기는 공부하는 제 엄마의 뱃속에서 너무 고생스러웠는지 반짝이는 두 눈을 빼놓고는 실한 구석이 없는 작고 약한 모습으로 태어났다.

갓 돌아난 순같이 어리디 어린 아기가 크고 튼튼해 보이는 아이들 사이에 끼인 채 차에 뒤섞여 실려가는 게 마음이 쓰여, 교회 행사에 참석해서도 손자 생각만 나고 정신이 없었다. 중보기도 시간에도 집중이 안 되고, 어디선가 우리 손자의 울음소리가 들리는 것 같았다.

나의 눈과 귀에서는 아기의 모습만 아른거려서 남들은 기도하는 중인데 도망치듯 교회를 빠져나왔다. 선교원으로 달려가서 아기가 있을 만한 교실을 기웃거렸으나 아기가 보이지 않는다. 점심시간이라 식당에 들어갔단다. 나는 직원실로 들어갔다. 원감 선생이 있었다. 나는 거두절미하고 "우리 아기가 너무 어려서요, 내년에나 보내고 싶네요"라고 했더니 어이없는 표정이었다.

"아이 이름은요?"

"이한재예요. 겨우 세 살 지났습니다."

원감은 웃으면서 의자를 잡아당겨 나를 앉힌 후에 차근차근 말했다.

"일주일 정도 지켜보시고 아이가 따라가지 못하면 보내드리지요. 저도 교직에 있었고, 유치원 운영 경험이 많아요. 무엇보다 어린 영혼을 위해서 기도를 많이 합니다. 걱정 마시고 맡겨 보세요."

설득력도 있었지만, 무엇보다 기도를 많이 한다는 말에 제대로 대답도 못하고 아기 얼굴도 못 본 채 집으로 왔다. 아기가 2시에 오기로 한 시간표에 맞추어 2시가 조금 넘자 선교원 버스가 정차하는 슈퍼 앞으로 나갔다.

30분, 한 시간, 한 시간 반, 두 시간이 되어도 감감무소식이었다. 어린 아기를 오후 네 시 가까이까지 붙들어 두다니 얼마나 지쳐 버렸을까.

아니나 다를까, 버스가 도착해서 보니 아기는 지쳐서 소리도 못 내고 우는 얼굴이다. 한쪽 볼이 부었고, 집어 뜯긴 상처가 있고, 퍼런 멍도 보였다. 가슴이 무너져 내렸다.

"아기 얼굴이 왜 이래요?"

동승한 여선생은 "뭐가 어째서요? 음식 먹다가 뭐가 묻었나 보죠" 하며 비정하기 짝이 없는 한마디를 던지고 아기를 내려놓고서 문을 닫고 가버린다. 기가 막혔다. 나는 아기를 안고 그 차디찬 볼과 손을 만져 주며 집으로 들어와서 살펴보았다. 상당히 꼬집혔다. 내 마음이 그렇게도 불안하더니 선교원에 처음 간 날 아기에게 이런 일이 일어났다. 그렇다고 먼 곳에서 근무하는 제 어미에게나 힘들게 근무하고 공부하느라 병원에서 밤을 지새우는 제 아비에게도 말을 할 수 없었다. 아기가 얼마나 놀랐고 화를 못 풀었으면 옆방으로 달려가서 장난감 인형을 마구 때렸을까. 나쁜 놈을 때려 주겠다 하면서 말이다. 나는 속으로 말했다.

'아가야, 내가 미안해. 어린 너를 그런 곳에 넣다니. 충분한 기도도 없었고, 네 부모가 조기교육이 필요하다기에 너를 보냈구나.'

사실 나에게는 아기에게 만족하게 가르칠 프로그램이 있을 리 없다. 저 원하는 대로 놀아 주며 둘러업고 가까운 산에나 간다. 그래서 교육전문기관인 선교원에 보냈는데, 첫날에 친구에게 볼을 꼬집히고 돌아왔다.

우리 손자가 처음 선교원 가는 날에 당한 일이다. 이 꼬마가 세상 첫 나들이에 당한 작은 봉변은 남과 어울려 사는 데 부딪히는 첫 경험일 텐데, 할미의 마음은 한없이 아프다.

쓰라린 만남

 요즈음 강아지들은 저고리를 입고 끌려 다닌다. 내가 엘리베이터 안에서 만난 강아지는 저고리 윗깃에 털까지 둘렀다. 그 차림새를 들여다보다가 눈이 마주치니 "왕왕, 캉캉" 시끄럽게 짖는다. 같은 아파트에 사는 젊은 여주인이 강아지 얼굴을 돌려 제 품속으로 당겨 안는다. 강아지가 별스럽게 호강하고 있다.
 엘리베이터에서 내리자 아파트 주변에 고양이들이 햇볕을 쬐고 있다. 밖으로 쏘다녀도 부드럽고 말끔한 모습들이다. 그중 배가 불룩해 보이는 것도 있다.
 '만삭 아닌가? 추워지면 어디서 새끼를 낳고 기를까?'
 내가 들여다보아도 도망치지 않고 내 눈길을 받아준다. 당당하고 단정하다. 고양이는 작은 얼굴에 곧은 코와 큰 눈, 양쪽 입 가장자리에 힘있게 뻗은 수염이 품위까지 있어 보인다.

어릴 때 우리 집에도 고양이가 있었다. 내가 좋아하여 늘 곁에 있었는데 우리 할아버지에게 쫓겨났다. 내가 자전거에 발목을 다친 일이 있었다. 나는 밤이면 고양이를 내 발치에 재웠다. 젤리 같은 발바닥과 부드러운 발을 만지는 것을 좋아했다. 그런데 내가 잠결에 잘못하다가 제 몸이 깔리게 되니 발톱을 드러냈고, 나는 비명을 질렀다.

"이놈이 누구를 할퀴냐?"

나의 부주의이지 고양이 잘못이 아니건만 할아버지가 막대기를 휘둘러 쫓아냈다. 그 후 우리 고양이는 돌아오지 않았다.

내가 장성하여 가정을 이루고 사는데, 누군가가 고양이 새끼를 기르지 않겠느냐고 물었다. 고양이에 대한 미안한 마음과 미련이 남아서인지 선뜻 대답을 했다. 다행히 시어머님을 비롯한 온 가족이 환영했다. 넓은 집에 쥐들이 자유롭게 나다녀서다.

고양이는 제 마음대로 다니면서 놀았다. 심심치 않게 쥐를 쫓아다녔으나 식구들이 원하지 않는 살생은 보여주지 않았다. 가끔씩 발로 제 얼굴을 닦아내는 모습은 단정한 여인이 분첩으로 얼굴을 두드리는 것처럼 조신했다. 나는 그 하는 짓과 얼굴이 예뻐서 찬찬히 들여다보기를 좋아했다. 내가 예뻐하는 것을 아는지 저도 나를 졸졸 따라다녔다. 내가 보이면 마치 강아지처럼 힘차게 뛰어오곤 했다.

남편은 온화한 성품이라 내가 하는 크고 작은 일에 웃음을 보냈다. 사람들은 나에게 만남의 복이 있다고 했다. 모시고 사는 시어머님도 너그럽고 믿음 좋은 분이라 집안이 화평했다. 우리 집은 어른이 계시기에 평소에 시댁 친척들이 많이 드나들었다. 특히 어머님의 조카, 사촌 시누이는 어머님을 도와서 우리 집 살림을 해주었다.

계절마다 실시되는 공무원 건강검진에서 남편의 중병이 발견되지 않았더라면 우리는 얼마나 좋았을까. 착하고 잘나가던 남편이었다. 어린 딸들과 학업 중에 있는 시누이도 있었다. 시어머님은 젊으신 편으로 세상에서 제일 잘난 장남을 늘 자랑스러워하셨다. 효심과 사랑이 깊은 남편은 병을 이기지 못하고 아까운 나이에 세상을 떠났다.

초상을 치르던 날, 많은 사람들이 오고 가고 집안이 북적대자 살림을 해주던 사촌 시누이가 "정신 시끄러우니 고양이는 내가 데리고 갈게요" 해서 나는 그러라 하고 집에 돌아가는 그녀의 품에 고양이를 안겨 주었다.

큰일을 당한 끝이라 며칠이 되어서도 미처 고양이의 안부를 물을 겨를이 없었다. 얼마 후에야 그녀는 고양이를 잃어버렸노라고 어렵게 말을 꺼냈다. 언제냐고 묻기도 전에 그날 버스 안에 품속에 있었는데, 집에 도착해 보니 빈손이었다는 것이다. 그녀의 집은 시외버스를 타야 하는 거리가 있는 시골이었다.

"사람도 한순간에 가는데."

시어머님 말씀대로 무엇을 포기 못하랴만 안쓰러운 마음은 가시지 않았다.

우리는 집이 크고 휑해서 아파트로 이사하기로 했다. 때는 늦은 봄이라 따뜻하고 햇볕이 좋았다. 이사 준비를 하느라고 집 안을 치우고 있는데, 응접실 천장에서 무언가 툭 하고 떨어졌다. 꼬물꼬물 하는 게 생물이다. 자세히 보니 하얀 벌레들이었다. 시어머님은 장독대를 살펴보겠다고 사촌 시누이를 데리고 옥상으로 올라가셨다. "세상에나!" 두 사람의 놀라는 소리에 "왜요?" 묻고 나도 옥상으로 올라가려고 하니 어머님이 올 것 없다고 말리셨다. 이웃집 아저씨까지 동원해서 푸대 안에 무언가를 싸들고 오는데 나는 그것이 무엇인지를 몰랐다.

어머님이 내게 알리고 싶지 않은 눈치여서 사촌 시누이에게 물어보았으나 그녀 역시 대답하지 않았다. 단단히 입단속을 당한 모양인데 나를 향한 어머님의 배려였다. 얼마 후에야 알게 되었는데, 그것은 우리 고양이의 죽은 몸이었단다. 언제 돌아왔을까, 왔으면 우리 앞에 왜 나타나지 않았을까. 계절이 바뀌는 동안 주욱 옥상에서 살았단 말인가. 죽어서 눈 속에 묻혀 있다가 날씨가 따뜻해지니 몸에서 벌레가 나올 때까지. "그것이 영물이니라" 하시고는 내게 알리지 않고 처리한 어머님의 그 배려심은 내가 혼자서도 책임을 감당할 수 있었던 힘이 되었다.

바람 같은 시간이라고 했던가. 나와 함께해 주시던 어머님은 가셨고, 매일매일 하시던 기도와 소원대로 내 딸들은 잘 자라 주었다. 어머님의 자손들도 거의 남부럽지 않게 살아가고 있다.

언제부터인가 아파트 주변에 고양이들이 눈에 많이 띈다. 개는 복종심이 있어서인가. 개는 깃에 남의 털까지 댄 저고리를 얻어 입고 품에 안겨 엘리베이터를 타고 다니는데, 추운 날에 이리저리 다니는 고양이 신세는 뭐란 말인가.

사람들이 말하는 수저 타령에 의하면, 고양이들은 타고난 흙수저 신세를 자초하고 있다. 자존심과 자립심이 강해서인가. 나를 떠났던 고양이들의 결말은 내가 그들에게 좋은 만남이 되어 주지 못해서가 아닌가.

추위가 심해지기 전에 그들도 따뜻한 곳에서 보호받았으면 하는 마음뿐, 내가 데려다가 기르고 싶지는 않다. 나는 그들에게 좋은 만남이 되어 줄 자신이 없어서다.

사람들은 말한다.

"길고양이들에게 먹을 것 주지 말아요. 데려다 기르지도 않을 거라면요."

냉정하지만 맞는 말인데, 그들을 보면 먹이고 싶고 안아 주고 싶다. 좋은 만남이 되어 주지도 못하면서 말이다.

신발이라도 데리고 갑니다

그녀의 집은 마을버스에서 내려서도 한참을 가야 했다.

높은 지대의 골목길이라 올라가기가 힘들었다. 둘이서 무거운 과일 상자를 팔을 번갈아 가면서 들고 가는데, '위잉' 하는 오토바이 소리가 들렸다. 좁은 길이니 비키라는 위협 같았다. 우리가 비켜 주면서 오토바이 탄 사람을 보니 낯이 익었다. 바로 우리가 병문안 가고 있는 교우의 남편이었다. 반가운 마음에 인사를 하고 집에 계시냐고 물었더니 "있을 거요" 하며 한마디를 던지고 쌩하니 달아난다. 자기 집에 들고 가는 선물이면 받아서 실어 줄 만도 한데 빈 오토바이로 쑥 들어가 버렸다. 뾰족하고 메마른 얼굴이 매우 냉정해 보였다. 들은 대로 자기 아내를 대하는 평소의 태도가 짐작이 갔다.

그가 젊었을 때는 아내가 교회에 가면 몽둥이를 들고 뒤따라가서 교회 문 앞에 서서 "나와! 나와!" 하고 소리를 질렀는데, 아내가 나오지 않으면 말리려는 교인들을 밀치고 안으로 들어가려다가 걸치고 있던 자신의 단벌옷만 찢기고 돌아갔다고 한다.

그 후 수십 년을 살아오면서도 교회에 가자는 아내의 권유를 단 한 번 들어준 일이 없었는데, 교회도 옮겼건만 그는 찢긴 옷 타령만 반복하고 화를 냈다.
"그때 새 옷을 사드렸어요."
그녀는 어떤 경우에도 남편에 관해서는 존댓말을 쓰기 때문에 바른말 잘하는 사람에게 무안을 당하기도 했다.
"낯간지럽게 자기 남편을 왜 그렇게 높여요? 하시고, 오시고, 잡수시고가 뭐야? 어색하게."
그녀의 남편은 본래 지닌 것이 없는 고아 비슷한 처지였다. 몸도 약해서 늘 시름시름 앓았다. 그녀는 밖에 나가서 돈을 벌어 자녀를 기르고, 교육시키고, 살림을 일군 사실상 여성 가장이었다.
특이한 여행지만 찾아다니는 내 친지의 이야기가 생각났다. 그는 중국여행 중에 여자가 가장 노릇을 하는 소수민족이 사는 어느 벽촌에 머문 일이 있는데, 아침 일찍 남자 하나가 쌀

까부는 키를 두 손으로 들고 서 있더란다. 벌을 서는 모양인데 온종일 그렇게 서 있었다. 알고 보니 그들은 모계 중심 민족으로, 여성이 일하고 남자는 놀기 때문에 아내에게 그렇게 당하고 산다고 했다.

그런데 그녀의 남편은 오히려 아내 위에 군림하면서 사는 것 같았다. 그녀의 집은 교통이 불편했다. 마을버스를 타고 가서도 골목길을 10분쯤 올라가야 했다. 무릎이 성하지 않은 그녀가 오르내리기에 불편한 곳이다. 그녀는 그런 곳에서 매일 교회를 두 번 이상 오고 갔다. 성전 기도를 드리기 위해서다.

나는 지난날의 내 기도의 실패를 떠올릴 때마다, 매일매일 아침과 저녁으로 성전을 찾아가서 꾸준히 기도하는 그녀의 한결같은 믿음이 부럽다.

나는 내 남편이 종합병원 중환자실에 있을 때 병원에 있는 기도실을 찾아갔다. 기독교 기관의 대표적인 그 병원의 기도실은 은혜 체험이 많은 곳으로 이름이 나 있었다. 환자와 가족들이 기도하기 좋은 분위기였다. 나는 남편을 위해서 기도하려고 혼자서 기도실 문을 열었다. 찬송가가 은은하게 들려왔다. 처음에는 찬송을 따라 부르다가 놓여 있는 성경을 읽었다. 마음을 가다듬고 "주여! 제 남편이…" 이렇게 기도를 시작하자

음산한 기운이 돌고 괴괴한 침묵 가운데 갑자기 위층에서 '뚝 뚝 뚝' 발자국 소리가 났다. 자세히 들어보니 목발 짚는 소리 같았다. 놀라서 기도를 그치고 가만히 있으니까 그 소리도 그쳤다.

내가 다시 "주여" 하고 기도하기 시작하니까 '뚝 뚝 뚝' 그 소리가 다시 들렸다. '공사를 하나?' 이렇게 생각하고 기도를 계속하자 그 소리도 계속되었다. 내가 기도를 멈추면 소리도 멈췄다.

나는 머리칼이 쭈뼛해지고 무섬증이 확 들어서 문을 열고 나와 버렸다. 나는 기도의 용사라고 불리는 교우를 불러서 기도실에서 일어난 일을 이야기했더니 자기와 같이 가서 기도하자고 했다. 둘이서 다시 기도실 문을 열자 은은한 불빛과 찬송가 소리가 기도하기에 좋은 분위기였다. 그녀가 큰 소리로 기도를 시작했다. 방언도 하고 내 손을 잡고 꽤 오랫동안 기도를 했는데, 천장에서는 아무 소리도 들리지 않았다.

나는 '내가 착각했나 보다' 생각하고 다음 날 혼자서 기도실을 찾았다. 찬송을 따라 부르다가 기도를 시작하자 '뚝 뚝 뚝' 소리가 다시 들리는 게 아닌가. 나는 혼비백산하여 그곳에서 도망쳤다. 그 후 다시는 기도실을 찾지 않았다. 간절하게 드리고 싶었던 기도를 포기하고 병원에서 퇴원했다. 내 남편은 결국 병을 이기지 못했다.

 이런 나에 비해서 그녀의 성전 기도 실천은 얼마나 위대한가. 부럽기도 했다.
 한번은 그녀가 내게 "애들 아버지 교회에 빨리 모시고 나올 방법이 없을까요?" 하고 물었다. 나는 "그 양반 신발을 먼저 가지고 와보아요. 자기 신발 따라서 몸이 올 수도 있다고 하대요"라고 했다. 어느 부흥집회에서 들은 말로 확신이 있는 것은 아니었다.
 그 후 얼마쯤 지나서다. 그녀의 남편이 뚱한 얼굴을 하고 교회에 나왔다. 예배에도 참석하고, 교회식당에서 식사도 했다. 그녀와 남편은 각각 떨어져 있었으나 남편이 교회에 나온 것은 놀라운 일이었다. 여전히 딱딱하고 메마른 얼굴로 교회 뒷자리에 앉아 있었다. 우리는 얼마 동안이나 다니는지 보자고 했는데 주일마다 빠지지 않고 나왔다. 신기한 일이 아닌가.
 내가 그녀에게 남편 전도 성공의 비결을 물었더니 내가 가르쳐 준 대로 남편의 신발부터 챙겨들고 교회에 왔더니 몸도 따라오더란다. 어이없는 일 아닌가. 그런 당치도 않은 행동이 그녀의 남편을 교회로 이끈 것일까. 아니었다. 그녀는 실천하는 믿음을 매일 성전에서 기도함으로 보여주었고, 남 듣기에 거북

한 존댓말을 써가며 남편을 감쌌다.

"불쌍해서 그래요. 아픈 몸으로 살다가 영혼까지 구원받지 못하면 어쩌려고요."

눈물이 핑 도는 그녀의 모습에서 나는 하나님의 마음을 읽었다. 그것은 긍휼이었다. 긍휼이 풍성하신 하나님께서 어찌 그 기도를 들어주시지 않으랴. 전도 중에서 배우자 전도가 가장 어렵다는데, 무모해 보이는 그녀의 행동까지도 우리 하나님은 인정해 주신 것이다.

어둠이 짙어지기 전에

나에게는 아직도 버리지 못하는 미련이 하나 있다.

오래전 지방교회에서 여성회의 소그룹 리더를 할 때다. 부흥집회 준비를 위해서 몇몇 임원들과 함께 강단의 꽃꽂이를 했다.

우리는 떠드느라 교회 안에 누가 들어왔는지도 몰랐다. 우리 목사님은 유학파 교수 출신이라 말씀이 좋다는 등 이 말 저 말을 하다가, 요즘 전도 잘하는 아무개 집사를 너무 높여준다는 이야기가 나왔다.

"교회에 와서 기도만 하면 뭐해? 사는 꼴이 엉망이고 애들 성적도 신통하지 않다던데."

결국 같은 교인을 험담하고 말았다. 모여서 이야기를 나누다 보면 남의 이야기를 하게 되는데 결국에는 흉을 보게 된다.

악의가 있어서가 아니다. 흉을 보는 동안 남의 얘기라 재미가 있고, 각자 속으로 '내가 그보다는 낫지'라는 자긍심을 가지려고 그저 떠드는 것이다. 그때 누군가의 기척이 느껴졌고, 교회 뒷자리 구석에서 기도하고 있는 모습이 보였다. 낯선 사람인데 간절한 그 모습은 꽤 오랫동안 기도를 하고 있었던 것 같다.

부흥회가 시작되어 강단에 오른 목사님을 보니, 우리가 떠드는 동안 기도하던 사람이 바로 부흥회 강사 목사였다. 우리 담임 목사님은 부흥회를 인도해 주실 목사님이 도착할 시간을 가르쳐 주지 않아서 저녁 식사 대접도 못해서 죄송하다고 했다.

꽃꽂이를 하던 우리는 서로를 돌아보았다. 그는 일찍부터 우리 교회에 와서 기도하고 있었는데, 우리의 쓸데없는 대화를 다 들었을 것에 마음이 불편했다. 나는 강단을 장식한 우리의 꽃꽂이도 엉성해 보였고, 우리의 대화가 처음에는 건전하게 나갔다가 결국에는 남의 험담으로 나간 것이 부끄러웠다. 그것도 부흥회 준비 꽃꽂이를 하면서 말이다.

부흥집회를 인도하는 목사님은 서울에서도 유명한 분이어서 소문을 듣고 온 많은 사람들 때문에 교회 안은 미어터질 지경이었다. 기도의 힘이 얼마나 큰가를 간증을 섞어서 말씀을 전했는데, 사람들이 은혜를 받고 변화되는 모습이 많이 보였다.

다들 회개하는 눈물도 많이 흘렸다. 병이 나은 사람도 있고, 인간관계를 해결 받은 사람도 있었다. 부흥회는 성공적으로 끝났다. 전도의 열기가 높아지고 나도 기도를 해야겠다는 각오가 생겼다. 부흥회를 마치고 우리 임원들은 선물을 들고 버스터미널까지 가서 목사님을 배웅했다.

그해 연말의 어느 날이었다. 잘 모르는 이로부터 전화가 왔다. "누구세요?" 물었더니 "나 서울에 있는 아무개 목사요."
깜짝 놀란 나는 큰 소리로 "목사님" 부르고는 말문이 막혔다.
부흥회에 오셨던 그 목사님이었다. '어떻게 내 이름을?' 당황하는 나에게 곧 다가올 새해 첫날 새벽 축복 대성회에 오라고 했다. 나는 감사하다고 했으나 안 가고 말았다.
나는 살아가면서 삶에 문제가 생길 때마다 그때 축복 대성회에 가지 않은 것을 후회하곤 했다. '불러 주기까지 했는데'라는 미련이 없어지지 않았다. 날이 갈수록 그 목사님의 명성은 높아졌고, 높아지니까 더욱 그랬다. 매일 새벽마다 5천 명이 넘는 성도들이 모였고, 특히 새해 첫날 축복 대성회는 유명했다. 2만 명 이상이 모인 성회로, 그중에는 외국에 사는 이들도 온다고 했다. '그런데 나는?' 목사님의 집회가 축복의 상징처럼 여겨졌다.

나는 서울로 이사를 했다. '새해특별새벽집회에 가서 은혜를 받았더라면…' 하는 미련은 남았으나 그 교회를 찾아가지는 않았다. 교회가 너무나 커서다. TV를 통해서 얼마든지 볼 수 있는 그 큰 대형 교회에 나까지 수효를 보탤 필요는 없지 않은가. 나는 주일 아침에 교회 가기 전에 일반 방송은 보지 않고 기독교 방송을 본다. 주일만큼은 세상 소식보다는 하나님의 이야기와 주님의 몸 된 교회의 소식이 듣고 싶어서다. TV 채널을 켜자 그 교회 예배 실황이 나왔다. 목사님이 강단에 올라서 말씀을 시작하셨다.

"하나님께서 나에게 오늘날 이렇게 크게 축복해 주신 이유는?"

나는 주목하고 볼륨을 높였다.

"내가 인물이 잘났습니까? 이 얼굴 이 체격, 볼품없지요? 스펙이요? 없어요. 요새 유행하는 수저 타령은 해당도 안 되는 나예요. 이런 내가 오늘날 이렇게 쓰임 받은 것은 하나님의 은혜이고요, 한 가지 저는 살아오는 동안 누구에 대해서도 험담을 하지 않았습니다. 나와 수십 년을 함께해주신 여러분이 증인이 되어 줄 수 있지요?"

교인들의 "아멘" 소리가 진동하는 것 같았다.

"구원은 믿음으로 받고, 축복은 말씀을 듣고 행함으로 받아요. 나는 한 말씀이라도 행하면서 살게 해주시라고 기도했고, 그 말씀만은 지키면서 살아왔습니다. 그것은 내 입술과 내 생각이 절대로 남을 비판하지 않은 것입니다. 나는 남의 흉을 안 봅니다. 예수님은 말씀하셨습니다. '어찌하여 형제의 눈 속에 있는 티는 보고 네 눈 속에 있는 들보는 깨닫지 못하느냐.'"

나는 '번쩍' 하고 정신이 들었다. 그때에야 오랫동안 품고 있던 미신에 가까운 기대와 의문에 대한 해답을 얻은 게 보였다. 나는 남들이 받고 있는 축복을 내가 누리지 못함은 목사님 교회의 새해 축복대성회에 참석하지 않은 것에 은근히 이유를 두고 있었다. '오라 했을 때 갔었더라면' 이런 미련을 가지고 있었는데, 우리 하나님께서 TV 속 그 목사님의 말씀을 통해서 깨닫게 해주셨다.

"비판을 하지 말라."

이 말씀 한마디를 지킴으로 복을 누린다는 목사님의 간증을 통해서 말이다.

목사님과의 만남은 오래전에 지방도시 교회에서 부흥회를 통해서였다. 부흥회 준비로 강단 꽃꽂이를 하면서 전도 잘하는 교인의 험담을 할 때가 첫 만남이었다. 목사님이 기도하는 중에 떠들어대던 우리의 소리를 기억할 리는 없다. 그런데 하나님께서 잊지 않고 지적하셨다. 자신이 누리는 오늘의 복은

"남을 험담하지 않고 살아왔기 때문이다"라는 그 목사님의 간증을 통해서다.

내가 버리지 못한 미련에 답은 간단했다. 특별한 복을 받지 못해서 어두워지는 내 마음의 밭에 빛은 항상 준비되어 있었다. 늘 곁에 있던 말씀은 "남을 비판하지 말라"이다. 구체적으로는 "남의 흉을 보지 말라"는 말씀이다. 빛이 말씀으로 늘 나를 비춰 주고 계셨음을 나는 항상 늦게야 깨닫는다.

오늘, 이 존엄함에

밖으로 나오려니 비가 내리고 있다. 찬 날씨에 비가 뿌려지니 더욱 추워질 것 같았으나 기분은 좋다.

"비 오는 날에 삭신 쑤시는 것은 우리 몸을 흙으로 만드셨다는 증거야. 흙에 물이 들어가면 어떻게 돼?"

누군가에게 들었던 말이 생각나고, 나를 만드신 분이 계시다는 것이 좋았다.

"태초에 하나님이 천지를 창조하셨다."

천지만물의 창조 속에는 나도 포함되었다. 내가 생각해도 내놓을 것 없는 나이지만, 만들어 주신 분이 계시다니 다행 아닌가. 살아오면서 겪었던 것들 중 항상 좋지 않았던 일들은 스스로 자초해서 생긴 것들이었다. 방자하게 또 구차하게 살았던 것들, 누군가가 나이 들어가니 말씀이 믿어진다더니 내가 그렇다. 새벽에 집을 나서서 교회로 갔다.

"나의 입술의 모든 말과 나의 마음의 묵상이 주께 열납되기를 원하네…."

들려오는 찬송가 소리가 은은하고 가사를 지은 이와 공감하면서 기도가 저절로 나왔다.

'나에게 오늘을 주신 분이 계신다. 주시지 않았으면 내가 어떻게?'

이 오늘을 잘 살려면 구체적으로 기도해야 한다.

마음가짐, 말과 표정, 사람을 만날 때의 표정 등등.

언젠가 거울에 비친 내 얼굴을 보고 놀랐는데, 설교 도중에 우리를 보고 무서운 얼굴이라고 하시던 목사님의 말이 맞다. 이유 없이 적대감을 불러일으키는 얼굴 아닌가.

"미소만 지어도 마음에 꽃이 피어납니다."

어느 수녀님의 시 한 구절을 떠올리며 얼굴을 풀고자 했다. 미소도 지어보았지만 금방 굳어졌다. 나를 지으신 분에게 기도로 부탁드릴 수밖에 없었다.

나는 사람들을 만나러 우리 동네에 새로 생긴 아파트 옆 공원으로 갔다.

작은 공원에는 남녀 노인들이 모여서 공원 관리를 한다.

'라온 누리 햇님 공원 지킴이.'

복지관으로부터 주어진 노인 일자리 중의 하나다.

비슷비슷한 연배의 노인들로 구성되었는데, 그중 가장 연장자가 반장 일을 맡았다. 그는 항상 제일 일찍 와서 공원을 한 바퀴 돌아보고 깨끗하게 치워 놓는다. 항상 보아도 먼지 하나 없이 반짝이는 자신의 구두만큼이나 성품이 정갈한 분이다. 반장에게 미안해하면서 인사를 하고 이야기를 나눈다. 살아온 세월만큼이나 화젯거리가 풍부한 사람들이다.

"커피숍에서 이렇게 오래 앉아서 노닥거리면 눈치 좀 보아야 하는데."

차를 마시는 즐거운 시간이다.

집이 제일 가까운 내가 차를 준비해 가지고 간다. 일명 다방 커피라고 불리는 달달한 커피와 몸을 따뜻하게 해주는 대추차다. 생강과 꿀을 넣어서 몸을 덥혀 준다고 좋아들 한다. 각각 보온병 두 개에 담아서 취향대로 마시게 했다. 나는 차를 따르고 대접하는 일은 사양하고, 그중 나이가 젊은 사람으로 담당하게 했다. 그녀는 "한 잔 드시와요" 목소리에 애교를 담아서 따라 주어 차 마시는 분위기를 돋운다.

그때 갑자기 "저거 못써" 하는 반장의 말에 우리의 시선이 다가오고 있는 큰 개에게 쏠렸다. 개 못지않게 몸집이 큰 젊은 남자가 개의 목줄을 쥐고, 그 뒤에는 아내로 보이는 여인이 따랐다. 그들은 큰 쓰레기통이 놓여 있는 곳에 멈춰 서서 개의 꽁무니를 들여다보았다. 여인은 이미 받아낸 검은 물체를 통 속에 휙 던져 넣으면서 중얼거리는데 어서 싸라고 독촉하는 것이리라. 몸집이 크니 많이 먹을 것이고 내놓는 것도 많으리라. 개는 어서 내놓으라는 여인의 독촉을 못 들은 척했다. 개는 흘끔흘끔 우리의 눈치를 보면서 여인이 원하는 목적물을 내놓지 않았다. 투덜대는 주인들을 모르쇠 한다.

얼마 전에 우리 반장이 "개똥을 여기에서 누이면 안 되지요"라고 주의를 주자 남자가 휙 돌아서서 보는 눈빛이 사나웠다. 그 불량스러운 대응에 평소 6·25 참전용사임을 자랑하던 우리 반장도 입을 다물고 말았다.

그 후 그들은 계속해서 우리 앞을 지나가면서 노인들인지라 상관하지 않겠다는 표정을 유지했다. 그들 셋이 나타나면 반장은 "저거 못써"라고 개를 나무랐다. 우리는 고개를 끄덕이며 공감했다. 우리 앞을 지나갈 때 꼬리를 내리며 우리의 눈치에 반응을 보이는 건 개였다. 끌고 가는 주인은 고개를 빳빳하게 세웠고, 뒤따르는 여인은 개에게 어서 똥을 누라고 재촉했다. 그 개는 질질 끌리면서 졸라대는 여주인에게 아무것도 내놓지 않았다.

그들이 지나가자 반장은 다시 한 번 "저거 못써"라고 했는데, 우리는 "저것들"로 고쳤다.

어느새 정답게 차를 마시는 분위기가 큰 개를 길러서는 안 된다는 개 기르기의 토론장으로 변했다.

나는 언제인가 우리 아파트의 엘리베이터 안에서 본 이야기를 했다. 앳되어 보이는 주부가 엄청 큰 개를 데리고 엘리베이터에 올랐다. 그녀는 개의 시선이 나에게 닿지 않게 하려고 애쓰고 있었다. 엘리베이터 안에서는 쪼그만 강아지도 눈이 마주치면 시끄럽게 짖어대는 터라, 그녀의 배려하는 마음을 느낄 수 있었다. 개는 몸집이 어찌나 크던지 엘리베이터의 양쪽 공간 끝에 거의 닿으려 해서 무서웠는데, 미안한 안색으로 개를 단속하기에, 나는 친근한 말로 "개가 순해 보여요" 했더니 "애기가 착해요"라고 대답했다. '애기라니?' 나는 좁은 곳에서의 그들의 동거가 매우 심란하게 여겨졌으나 "착하게 생겼네요"라고 공감해 주면서 웃음을 보냈다.

만물을 지으신 분이 계시는데, 그 몸집이 크고 작은 것에 대해서는 우리가 시비할 일은 아니다. 기르는 사람이 문제다. 우리에게 주어진 오늘, 이 오늘은 존엄한데, 마음에 꽃을 피우면서 살고 싶다.

은은한 멋

나는 닭고기에 양파를 듬뿍 갈아 넣었다. 고기 반찬만 좋아하는 아이들인지라 야채를 어떻게 해서라도 더 먹이고 싶어서다. 나는 우리 아이들의 식성이 육식으로 변하지 않나 싶어서, 야채의 맛을 보여주려고 솜씨를 발휘하여 여러 가지 나물과 야채를 보기에도 근사하게 정성들여서 밥상을 챙겨 준 일이 있다.

그때 큰 손자가 "잘 먹겠습니다" 하고 식탁에 앉더니 반찬이 놓인 상을 휘익 둘러보고는 먹지도 않고 "잘 먹었습니다" 하고 곧바로 일어서 버렸다. 불만스러운 표정이 역력했다.

"아니, 먹고 가야지."

내가 냉장고를 열고 다시 고기를 꺼내려 하자 제 어미가 웃으면서 "내버려 두어요, 배고프면 먹겠지. 맨날 고기만 먹으려고 한다니까" 하고 학교에 보냈는데, 나는 종일 마음에 걸렸었다.

그 후로 이 아이들은 고기 반찬이 아니면 밥을 먹지 않는다는 생각에 아이들의 밥을 챙길 때는 육류가 우선이 되었다. 나는 손자가 좋아하는 닭고기를 볶아서 밥을 챙겨 주었는데 "어, 시원타" 하는 어른 같은 목소리가 아이의 입에서 나왔다.

"뭐가 시원한데?" 내가 묻자 "이 국물이요" 하고 김치를 쫑쫑 썰어 넣고 끓인 국을 훌훌 마시는 것이었다. "먹을 만해?" 하고 물었더니 그렇단다. 제 형은 입에 대지도 않던 국을 이 아이는 아예 그릇째 들이마시고 있다.

뜨거운 국을 먹으면서 시원하다고 하던 말은 내 어린 시절 우리 할아버지와 아버지에게서 들어본 말인데, 어린 손자의 입에서 같은 말이 나오니 신통했다. 고기만 먹고 국은 먹지 않으려니 하면서도, 내 습관대로 그저 밥 옆에 놓아 준 김치로 끓인 국을 먹은 아이에게서 우리네의 식성이 내려오고 있지 않나 하는 생각이 들었다.

내 어릴 적 기억으로는 고기 하면 고깃국이었다. 지금처럼 생고기를 쓱쓱 썰어서 구워 먹기보다는 물을 많이 붓고 무와 파를 듬뿍 넣어서 은근한 불에 오래 끓인 구수한 고깃국을 먹었다.

요즈음은 주로 생고기를 직접 구워 먹는다고 한다. 자연히 먹는 고기의 양도 많다. 이렇듯 생고기를 옆에 두고 많이 먹으니 행동거지도 노골적이 되어 가는 게 아닐까.

길에서나 지하철 안에서 흔히 눈에 띄는 남녀의 진한 애정 표현을 보면, 그중에는 아직 나이가 어려 보이는 애들도 있어서 외면만 하기보다는 걱정도 된다. 남들의 시선을 아랑곳하지 않는 그 대담한 행동은 어디서 온 것일까. 고기를 생으로 놓고 쓱쓱 썰어서 곧바로 구워 먹는 성급한 식습관에서 따라붙은 대담성이라고 나는 생각해 본다.

우리네 정서는 은은한 데서 멋을 찾았다. 음식의 맛도 은은한 것에 있고, 행동도 은근한 것에서 멋이 있다.

내가 어느 선교사의 선교 보고서를 읽고 긍지와 자부심을 느낀 적이 있다.

구한말이 지나서 선교사들이 이 땅에 발을 들여 놓을 무렵이다. 어느 처녀 선교사가 쓴 글에 "조선인들은 성정이 맑고 품위가 있으며 매우 고상해서 정이 많으면서도 그 표현이 은근해서 멋이 있다"라는 말이 있었다.

그 무렵 서양에 소개된 우리나라는 미개국으로, 어머니들이 수유하며 젖가슴을 다 드러낸 사진과 남자들은 한 손으로 바지춤을 잡고 곰방대를 물고 있는 추레한 몰골로 매우 야만스러운 것이 대부분이었다. 그러나 하나님의 편에서 하나님의 눈으로 본 진실한 마음과 맑은 눈을 가진 처녀 선교사의 시선에는 우리 옛 어른의 모습이 이렇게 멋있고 고상하게 보였던 것이다.

언제인가 딸이 이 손자더러 자기네 교회 도서관에 책이 많다면서 할머니를 모시고 다녀오라고 했다. 손자는 좋아하면서 같이 가자고 했는데, 제 방으로 들어가서 빨리 나오지 않았다.

내가 "뭐 해?" 하면서 문을 열었더니 책상 서랍에서 무언가를 꺼내어 제 호주머니 뒤쪽에 넣고 있는데 만 원짜리 지폐의 끝이 보였다.

"돈은 왜 가져가? 가까운데."

잔소리 비슷한 내 말에 싱긋 웃으며 "할머니 뭐 사드리려고요" 하는 게 아닌가. 아끼고 모아 둔 돈으로 밖에 나가서 나에게 간식을 사준다니 그 마음이 고마웠고, 제 어미에게도 말하지 않은 그 은근한 행동이 멋이 있었다.

나는 우리 아이들이 외국인의 식습관과 행동에 물들기보다는, 우리 음식의 고유한 맛과 멋을 알고 우리 선조들의 은은하고 고상한 품격을 지니면서 자라기를 바란다.

  나는 내 손자가 뜨거운 국을 먹으면서 어른처럼 "어, 시원 타" 하는 그 은은한 소리가 듣기 좋다.

은총의 표적

 작은 몸에 기도소리가 우렁찬 그녀가 내 옆으로 다가와 앉았다. 새벽기도회가 끝나고 한참 지나서라 교회 안에는 사람이 얼마 남아 있지 않았다. 그녀는 읽어야 하는 말씀의 양을 채워야 한다면서도 성경을 펴지 않고 내 얼굴을 바라본다. 얘기가 하고픈 모양이다.
 내가 먼저 "어려운 곳에 취직되었다는 아들이 코러스 팀에서 찬양하는 아들인가요?" 하고 말을 꺼냈다. 그녀는 아니라고 하면서 합격한 아들은 둘째라고 했다.
 '그러면 그렇지.' 큰 귀걸이를 찰랑대며 차림새가 요란한 인사성 없는 아들이 면접에 통과할 수 없을 것 같아서다. 그녀는 눈에 띄게 열심히 기도했다. 몸집이 작은 그녀는 어디서 나오는지 모를 크고 우렁찬 기도 소리에 옆자리에 앉으면 기도에 방해가 될 정도다.

그녀는 항상 오래 남아서 큰소리로 기도한다. 그 열심이 특별해 보여서 관심을 갖게 되었다. 관심은 궁금증을 갖게 되므로 자연히 남의 입에 오르내리게 된다. 어떤 이는 그녀를 자기 앞에 앉지 못하게 하라고 나에게 부탁해서, 교회에서는 그러는 게 아니라고 했더니 발딱 일어나서 뒤로 가버렸다.

인사성 없는 그 아들도 그녀의 이미지 손상에 한몫을 했는데, 껌을 질겅질겅 씹기도 하고 어른들의 얼굴을 빤히 바라보면서 인사를 하지 않아서 이웃에 사는 사람들이 좋아하지 않았다. 그가 길가의 전신주나 벽에 제 머리를 찧어대면서 심한 욕설을 퍼붓는 걸 보았다는 사람도 있는데, 화가 난 얼굴로 혼자 중얼거리면서 가는 것을 나도 본 적이 있다.

그녀가 특별히 기도하는 것이 그 아들 때문인가 했는데, 그녀에게는 연년생 아들이 있었다. 이번에 취직이 된 아들은 예배시간에 앞에 나와서 찬양을 하는 아들이 아니고, 그의 동생이었다.

"아들 취직 축하해요. 요즘같이 어려울 때에."

내 옆으로 다가온 그녀는 간증거리가 많다고 하면서 둘째의 대학 입학에서부터 취업까지의 이야기를 들려주었다. 성적이 좋은데도 세칭 S.K.Y 대학의 수시 입학시험에 모두 떨어져서 시립대학에 들어갔다. 입학을 하고 보니 학비가 싸고, 더구나 장학금까지 받아와서 부담 없이 공부를 마쳤다고 한다. "더구나 취직도 빨리 하고요" 내가 거들자 그녀는 "제 기도를 들어주신 거지요"라면서 기도를 요란하게 한다는 비방도 들었고, 앞에 나와 찬양을 하면서도 평소 태도가 안온치 못한 큰아들에 대한 따가운 눈총도 느껴 왔다고 말했다. 그러나 어쩔 수 없는 것 아닌가. 지으신 분이 인도해 주실 것을 믿고 자신은 기도로 매달렸다.

그녀는 성경을 펴서 내게 보여주었다. 그녀의 기도 방법이라고 했다. 그녀가 보여준 성경은 시편 86편이었다. "여호와여 나는 가난하고 궁핍하오니 주의 귀를 기울여 내게 응답하소서"로 시작하여 "은총의 표적을 내게 보이소서"로 끝나는 다윗의 시였다.

그녀는 마음에 와 닿는 말씀이 있으면 '내 말씀' 하면서 가슴에 새겼다. 그녀가 새긴 말씀은 '은총의 표적'이었다. 하루도 빠짐없이, 주변이 시끄러울 정도로 외쳐대는 그녀의 기도는 '은총의 표적'을 보여주시라는 부르짖음이었다. 그녀는 자신뿐 아니라 남도 느낄 수 있는 확실한 표적을 얻게 되었다고 했다.

그녀가 부러웠다. 나는 기도는 하는데 어느 제목 하나 시원스럽게 응답 받은 게 없다는 생각이 들기 시작했다. 나도 그녀처럼 성경을 읽으면서 마음에 부딪치는 말씀을 찾기로 했다.

요즘 교회에서 공부하는 성경은 이스라엘의 멸망을 예고하는 하나님의 분노와 책망이 주가 된 구약인지라, 신약의 마태복음부터 다시 읽어 가기로 했다.

예수 그리스도의 나심을 시작으로 해서 누가 누구를 낳고, 낳고 하다가 광야의 세례 요한의 등장을 주욱 읽어 가는데, 누군가가 옆에서 "그 글씨가 보여요?" 하고 물었다. 늘 보아도 아름답고 신실한 교구 심방 전도사님이 내 가까이에 와 있었다. 그녀는 내가 지니고 다니는 메모 노트를 들여다보며 잘디잔 내 글씨를 보고 깜짝 놀랐다.

"그 연세에 이렇게 작은 글씨가 보이는 것도 놀라운데 이 필체 좀 봐, 나이가 적은 저도 돋보기 쓰지 않으면 읽을 수가 없는데요."

"저는 읽고 쓰는 것에 지장이 없어요"라는 내 대답에 "은총이네요, 은총을 받고 계시는 거예요"라고 말했다.

내가 부러워하고 받고 싶었던 은총이라는 말이 나왔다. 그렇다. 나는 누리고 있으면서도 모르고 지낸 것이 아니던가. 나는 스스로 내가 활자 중독에 걸렸다고 말해왔다. 어린 시절부터 아버지가 사다 준 수많은 만화책과 소년 잡지를 통해서 나는 책 읽기의 재미를 알았다. 읽을 책만 있으면 행복했다. 살면서 괴롭고 성가신 일이 생기면 책 속으로 숨었다. 책 읽기의 재미는 어떤 일이든지 나를 견디게 해주었다.

이제 나이 들어 아이들이 내 곁을 떠나 각각 저희끼리 부대끼며 사느라 전화 한 통 없어도 외롭거나 쓸쓸하지 않다. 내 곁엔 읽을 책이 있기 때문이다.

내 인생의 해 그림자가 기울어지는데도 내가 읽을 수 있는 것은 눈에 이상이 없기 때문이다. 이 눈을 지으시고 지켜 주시는 은혜를 누리는 나도, 그분의 은총을 받고 있었다. 그럼에도 나는 또 다른 은총의 표적이 필요하다. 계속해서 성경을 읽으면서 내가 붙들고 매달릴 말씀을 찾아야겠다. 나의 삶에도 항상 크고 작은 문제가 기다리고 있으니까.

오늘도 큰소리로 외치며 기도하는 두 아들의 어머니인 작은 몸집의 그녀, 그 믿음이 크게 보이고 부럽다.

은혜

"내가 좋아하는 단어를 고르고 글로 써보자."

글쓰기 공부를 하는데 어떤 여류작가가 낸 숙제다.

나는 내가 좋아하는 단어를 떠올려보았다. 감사, 미소, 꽃, 과일, 불고기, 별, 보름달, 커피, 이슬, 은혜, 사랑, 겸손, 희망, 용서, 사랑, 긍휼 등이다. 이것을 다시 간추렸다. 은혜, 감사, 긍휼, 희망, 미소 등 이들 중에서 다시 추려보니 은혜가 남았다.

그 단어로 글쓰기를 해보라는 숙제를 하려고 준비하고 있는데, 마침 설교 방송을 들었다. 목사님이 "은혜란 마음을 거쳐 삶으로 나타나는 신적인 능력"이라고 설명해 주었다.

나는 내가 받은 은혜를 구체적으로 생각하고 써보았다.

수요일 밤 예배 시간이다. 담임 목사님의 설교가 시작되고,

얼마 지나서 아랫배가 묵직해지더니 슬슬 아파왔다. 참기 어려운 일 중의 하나가 배변을 느낄 때 해결할 곳이 없는 것 아닌가. 예배 시간에 중요한 하나님 말씀을 듣는 중이다. 내가 앉아 있는 곳은 앞에서 네 번째 가운데 자리다. 우리 교회는 강대상을 중심으로 좌우로 나누어 중앙에 통로를 만들어 놓았다. 내가 화장실을 가려면 바로 그 중앙을 걸어가야 한다.

목사님의 설교는 말씀에 힘을 받기 시작하여 열이 가해지는데, 나의 뱃속 사정은 다급해지기 시작했다. 안에서는 마구 밀려오는데 화장실엔 갈 수가 없었다. 배가 사정없이 아파온다. 온몸을 의자 바닥에 단단히 붙인 채 행여 나가 볼까 하고 고개를 돌려 나가는 길을 바라보니 천 명이 넘는 그 시선을 받으면서 뚫고 나갈 용기가 없었다.

진땀이 났다. 사색이 다 되어 내가 할 수 있는 것은 '주여' 하고 속으로 내지르며 '도와주세요' 하는 간절한 비명뿐이었다. 그때였다. 나의 뱃속이 놀랍게도 잔잔해지는 게 아닌가. 더 이상 밀려오는 고통이 없어졌다. 감쪽같이.

"나의 작은 신음에도 응답하시는" 찬송시인의 고백이 내 것이 되었다. 나는 편하게 설교를 끝까지 들을 수 있었다. 마지막 광고 순서까지 마치고, 목사님이 교인들 배웅을 위해 강대상에서 내려왔다. 예배가 끝나자 배가 다시 아파왔고, 재빨리 엘리베이터를 타고 2층 화장실로 직행했다. 볼일을 보고 난 후에 오는 이 시원함, 이 상쾌함, 이 편안함! 이게 은혜가 아닌가. 지극히 은밀한 중에 나 혼자서 누리는 이 은혜!

몇 년 전에 여선교회 지회의 장을 맡았을 때다. 각 지회의 장들이 모이는 첫 모임이었는데 회원 명단을 제출해야 했다. 전임자에게 명단을 받아서 총회에 제출해야 하는데, 전에 맡았던 이가 도무지 연락이 안 되고, 내게는 회원 명단이 없었다. 각 지회에서 제출해야 할 명단을 나만 제출을 못하니 체면이 안 섰고, 전혀 연락이 안 되는 그의 저의가 괘씸했다. 새로 편성된 회원 명단은 전임자가 작성하여 신임 회장에게 인계해 주기로 되어 있었다.

회의 도중에도 연락 닿을 곳을 수소문하여 여러 차례 시도해 보았으나 오리무중이었다. 끝내 나만 다음에 명단을 제출하기로 했다. 나의 무능과 무성의를 드러낸 꼴이 부끄럽기도 해서 화를 내면서 교회 동쪽 문으로 나왔다. 문을 열고 층계를 보지도 않고 발을 푹 내딛는데 갑자기 몸이 허공으로 내동댕이쳐지는 게 아닌가. 층계가 12개쯤 되는 데에서 맨 아래로 툭 떨어져 버렸다. 꽤 높은 곳에서 말이다. 나는 바로 일어났다. 아무렇지도 않았다. 이리저리 움직여 보아도 아프지 않았고 다친 데가 없었다. 하나님의 은혜가 아닌가.

　요즈음 그곳에서 층계 하나를 헛디뎌서 팔이 부러지고 발의 인대가 늘어나는 사고가 많다는 이야기를 듣는다. 그때 나는 기적적으로 다치지 않았다.
　은혜라는 말은 우리 교인들 사이에서 자주 쓰이는 말이다. 사람과 사람끼리 주고받기도 하고, 좋은 설교를 듣고서도 은혜 받았노라고 얘기하기도 한다. 그러나 쉽게 잊히기도 하는 말 중 하나가 은혜이다.
　나처럼 믿음의 깊이가 얕고 의심이 많은 자에겐 손에 쥐어주어야만 한다. 나를 잘 아시는 나의 아버지께서 비밀하고 독특한 은혜를 베푸셨으니 나는 간직하련다. 글쓰기 숙제를 통해 내가 좋아하는 단어인 '은혜'에 대해서 다시 생각을 해보았다.
　나는 '은혜'라는 단어가 좋다. 아버지께서 주시는 은혜가 아니면 내가 어찌 살겠는가. 감사할 뿐이다.

이루지 않아도 달콤하다

키나 몸집이 작으면 말도 하지 않겠다. 커다란 두 남자가 끌어안고 볼을 부비고 야단이다. 사위와 외손자, 부자간에 만나서 보여주는 광경이다. 벽에는 "주인을 물지 맙시다"라는 강아지를 향한 경고문이 붙어 있다.

"이산가족 만난 것 같네. 아침에 보고 또 보면서."

딸은 웃었고, 나는 흡족한 마음에서 저절로 기도가 나왔다. 살아가면서 부자간에 주고받은 이 사랑의 기억을 오래 간직하기를 바란다.

주먹만 한 강아지는 일부러 찢어 구멍을 낸 손자의 청바지 바지자락에 매달려 온몸을 부비며 난리고, 강아지까지 포함해서 식구끼리 정이 넘치는 이 광경은 오래전에 돌아가신 나의 아버지를 생각나게 했다.

나는 아버지가 나에게 화를 내시는 것을 거의 본 적이 없다. 학교 다니면서 공부 좀 한다고 내세운 딸인 내가 막상 졸업식에선 우등상을 받지 못했다. 나의 어린 시절이니까 꽤 오래전 일인데, 나의 아버지는 학교 후원회 임원으로 활동을 하셨다. 성의 있는 학부형으로 이름이 났고, 학교 행사에는 거의 참석하던 차에 내 졸업식인지라 당연히 와 계셨는데, 시상식에서 딸인 내가 우등상을 타지 못했다.

나는 아버지가 섭섭해 할 것 같고 염치도 없어서 뚱한 표정으로 교문을 나섰다. 아버지는 "3년 개근상 대표로 앞에 나와서 상 받으니 얼마나 큰 영광이냐?" 하셨다. 바로 그 점이 나는 창피했는데, 이어서 귓속말로 "그런데 우리 딸이 머리는 좀 안 좋은가 보다. 개근상의 대표가 될 만큼 그렇게 열심히 3년을 쫓아댕기면서 우등상은 못 탔네" 하며 웃으셨다.

"그래도 맛있는 것은 사줘야지."

곧바로 가게에 들어가서 과일을 사주시던 나의 아버지.

나는 살아가는 동안 과거의 기억은 흐릿했지만, 내가 받은 사랑의 기억은 늘 나를 따라다녔다. 험한 세상살이에서도 그것은 달콤했으니까. 나름대로 우여곡절을 겪으면서 나는 하나님을 믿게 되었다. 내가 얼마나 연약하고 미련한지를 알게 되었으니 말이다. 대부분의 실패와 좌절은 내가 자초한 것이 많

앉기 때문이다. 타인이나 환경 때문이라면 할 말이라도 있겠지만 내 잘못, 내 실수, 탐욕 등으로 말미암아서였으니, 진흙을 빚어서 나를 만드신 하나님 외엔 바라볼 곳이 없었다.

예나 지금이나 기도로 다시 살아나고 성공하는 사람들이 많다. 나도 그 축에 들고 싶은데 기도가 어렵다. 나의 기도는 거의가 횡설수설이다. 친구들끼리 수다는 지지 않고 끝까지 가는데, 하나님께 드리는 기도는 길게도 오래도 할 수 없다.

이때 우리 목사님이 예수님의 기도를 우리에게 가르쳐 주셨다. "하늘에 계신 아버지"를 부르면서 기도를 시작하신 주님처럼 우리도 먼저 "아버지"를 불러 보라고 했다. 계속해서 아버지를 불렀다. 나는 호흡을 가다듬고 마음 깊숙이 "아버지" 하고 불렀다. 아버지가 느껴질 때까지 부르자 육신의 아버지에 대한 기억과 함께 가슴속이 따뜻해졌다. 무슨 연관이 있나. 그것은 친근함이었다.

오직 내 편인 우리 아버지, 기대에 어긋나고 만족은커녕 당신의 체면도 지켜 주지 못하는 딸에게 모진 말 한마디도 할 수 없었던 나의 아버지. 시간과 공간의 제한 속에 흙으로 돌아간 육신의 아버지가 나에게 준 사랑의 기억에 의지하여 나는 "하늘에 계신 아버지" 하고 크게 불러 보았다. 이제 하늘 아버지는 무한대하고 막연한 공간이 아닌 바로 내 곁에 계신 분이라고 느껴졌다. 늘 나에겐 너그럽기만 하고 사랑 어린 눈으로 바라보는 아버지, 그 사랑을 받아 본 사람은 안다. 기대도 보답도 없는 '그럼에도 불구하고'의 사랑을 말이다.

따스한 기운이 온몸으로 사르르 퍼지면서 입술이 열렸다. 나는 비로소 솔직하고 자세히 기도하기 시작했다. 흔히 말하는 기도의 문이 열린 것이다. 나는 구체적으로 숨김없이 오래오래 기도할 수 있게 되었다.

사랑의 기억은 오래간다. 누구나 간직하고픈 마음이어서 간절하기 때문이리라. 나는 내 자녀와 그들의 자녀들이 서로 사랑하는 기억을 많이 쌓아 가기를 바란다. 살아가려면 자기 자신과의 관계가 원만하지 못할 때가 많을 텐데, 사랑의 기억이 힘이 되어 줄 것이다. 더구나 우리를 만드신 하나님 아버지의 사랑을 믿는다면 얼마나 큰 행운인가.

친구의 친구

아파트 위층에 사는 친구가 아침밥을 같이 먹자고 불렀다. 너무 이른 시간이라 선뜻 나서지 않았더니 지금 청국장찌개가 너무 끓어서 졸고 있으니 어서 오란다. 친구네 집에 들어서자 손님이 와 있었다.

"내 얼굴 안 잊어버렸어요?"

친구가 집에서 입는 옷을 입고 있는 것을 보니 자고 일어난 품새다. 그녀는 친구의 고향 선배라는데, 잊어버릴 만하면 한 번씩 교회에 얼굴을 내미는 사람이다.

언젠가 우리 몇몇 친구들이 남도 쪽으로 2박 3일 여행을 했다. 어쩌다가 얼굴을 보이는 사람을 친구가 끼워 주었는데, 모든 일에 자기중심이어서 우리의 마음을 불편하게 했다.

열차 안에서 간식을 먹을 때는 제일 큰 것과 제일 많은 것을 챙겨들었다. 아주 대놓고 '나, 나' 하면서 맛있는 것과 좋은 것을 챙기려 들었다. 숙소에서는 편한 자리를 혼자서 차지하고 누워 버렸다. "애기도 아니고 뭐야?" 같이 간 사람들은 보이지 않는 곳에서 불평을 했다. 특히 지금도 잊히지 않는 기억은 돌아올 때의 그녀의 행동이었다. 쓰고 난 경비가 조금 남아서 국수 정도를 먹으면 맞겠다 싶어 우리는 서울역 역사 안에서 간단하게 저녁을 때우고 헤어지기로 했다.

그녀의 집은 영등포역에서 내려서 마을버스를 이용해야 했다. 그 마을버스 막차 시간이 임박했다고 하면서도 그녀는 "나만 손해 볼 수는 없지" 하면서 영등포역을 그냥 지나쳤다. 우리는 서로 얼굴을 바라보고 어이없어 했다. 그녀는 기어이 우리를 따라서 서울역에서 내렸다. 늦은 시간이라 그녀가 집으로 돌아갈 교통편은 이미 없었다. 그녀는 태연히 우리와 같이 식사를 했다. '어쩌면 좋아' 우리가 걱정스러운 얼굴을 하는데, 친구가 "우리 집에 가서 자고 가요" 하고 데리고 나섰다.

친구네 원룸 아파트엔 남편이 기다리고 있을 터였다. 나는 혼자 살지만 그녀를 데리고 갈 마음이 손톱만큼도 없었기에 일부러 냉한 표정을 지으며 혼자서 집으로 와 버렸다. 그때의 편하지 않았던 마음이 지워지지 않았는데, 또 이 집에서 자고 아침 식사를 기다리고 있었다.

"아이쿠, 이건 또 무슨 냄새야?"

평소 유순해 보이던 친구의 큰아들이 문을 열고 들어서면서 소리를 질렀다. 식탁에 앉아 있던 내가 놀라서 일어서자 "죄송해요. 엄마 집에서는 늘 이상한 냄새가 나서요" 하고 나간다. 뚝배기에 보글보글 끓고 있는 청국장과 굽고 있는 자반 고등어에서는 쿰쿰하고 비린 냄새가 났다. 맛은 있지만 그 냄새 때문에 나는 내 집에서 해먹지 않고 있었다. 좁은 아파트 안에 냄새가 배면 오랫동안 가시지 않기 때문이다.

나는 친구가 아들의 핀잔을 받자, 냄새가 싫어서 해먹지 않는 음식을 입맛을 다셔가면서 기다리는 나도 누구 못지않다는 생각이 스쳐가자 친구의 고향 선배 얼굴을 쳐다보았다. 나는 왜 그녀가 옆에 있으면 내 마음의 밑바닥을 보게 되는가. 그녀의 몰염치가 눈에 띄면 나는 즉시 속으로 비판을 하게 되고, 내 이기심이 드러남과 동시에 친구의 무한대로 넓은 마음이 나와 비교되었다.

"아들이 좋은 며느릿감을 데려와서 곧 결혼식을 올린대. 하나님 은혜에 감사해서 열심히 교회에 나오기로 하고 봉사도 하고 싶다고 해서 나와 함께 영아부 교사를 하기로 했어."

'갑자기 무슨 교사야?'

내 마음속에서는 다시 똬리를 틀고 있다가 대가리를 쳐드는 비판의 모습이 보였다. 나는 식사 후에 주는 커피를 마시지 않고 친구 집을 나왔다.

그 후 친구는 고향 선배의 아들 결혼식에 넉넉한 축의금을 들고 참석했다. 외아들이 좋은 며느리를 데려왔다고 칭찬을 아끼지 않았는데, 20년 넘게 알아왔지만 그 고향 선배는 친구 집의 애경사에는 단 한 번도 얼굴을 보인 적이 없었다.

그녀가 친구에게 보여주는 선심은 교회에 열심히 다니겠다는 말뿐이었으나 사람 좋은 친구는 그 약속을 항상 믿고 기다렸다.

인상이 좋다는 것

　참여정부의 끝 무렵이었나. 지하철을 타고 가는데 환승역인 교대역에서 어떤 늙수그레한 남자가 "노무현 이 새○" 하고 고함을 치며 대통령에게 욕설을 퍼부었다. 나는 사람들과 함께 출입문 사이로 그를 바라보니 대통령 때문에 손해 볼 위인은 못 되어 보였다. 옷이나 생김새가 초라하니 그저 술주정뱅이에 불과했다.

　노무현 대통령은 약자와 서민에 대한 관심이 많고, 고통받는 이웃에게 연민을 많이 느끼는 사람이지만 반칙을 자행하는 사람에게는 분노하는 사람으로 알려져 있다. 많이 가진 사람들은 행여 손해 볼까 경계하며 미워하며 비난거리를 찾고 있었지만, 그의 시혜를 받음직한 몰골의 사내가 원한 사무친 욕설을 퍼붓고 있었다. 세상과 사람들의 마음은 알 수가 없다.

그리고 몇 년이 지난 후, 2009년 5월 23일 정오쯤에 노무현 대통령의 서거 소식을 들었다. 어려서부터 친하게 지낸 전직 국회의원이었던 친척에게서 걸려온 전화를 통해서다. "갔네." 갑자기 밑도 끝도 없는 말에 당황하자 "노무현" 하는 게 아닌가. "뭐요?" 소리치며 TV를 켜니 사람들이 모여서 울고 있었고, 울면서 모여든 이들로 사람바다를 이루어 가고 있었다. 수화기 넘어서도 꺼억꺼억 소리가 들려왔다. 소식을 전하면서 그도 울고 있었던 것이다. 나도 수화기를 놓지 못한 채 울음을 터뜨렸다. 같이 울고 있음으로 그와 내가 오랜만에 막힌 담이 헐린 것 같았다. 이제야 소통이 된 것이다. 한 사람에 대한 인물평이 말이다.

  언제인가, 내가 집안의 모임에서 그 친척을 만났을 때다. 우리는 이웃에서 가까이 살았다. 공부도 같이 하고 책도 서로 추천하고 읽고 그렇게 자랐는데, 그는 국회의원이 되어서 집안의 관심 대상이었다. 그는 모임에서 주도권을 잡고 많은 이야기를 했다.
  나는 노무현 의원에 대해서 관심이 많았다. 선량한 눈빛과 어린애 같은 표정이 좋아서였다. "노무현 의원을 직접 볼 수 있어서 좋겠네" 하고 부러워하자, 그는 화를 버럭 내었다. "의원

직을 버리고 잠적하더니 다시 돌아온 무책임한 자"라고 사정없이 깎아내렸다. 나는 선량하고 정의로운 사람이라고 하려다가 "인상이 좋아. 선량해 보여"라고 했다.

"선량? 정치하는 자가?"

그는 자신도 정치계에 있으면서 정치하는 사람을 믿지 않고 있었다. 나는 정치가도 아니고 별 관심도 없는 터라 "인상이 좋으면 마음도 좋은 게지" 하면서 상대의 얼굴을 유심히 바라보았다. '당신은 좋은 인상이 아니라 또 재선되면 안 되겠네'라는 내 속마음이 전달되어서인지 그와 나는 좋지 않은 기분으로 헤어졌었다.

그 후 그는 국회의원 선거에서 떨어졌고, 노무현 의원은 대통령에 당선되었다. 대통령 노릇 잘 못한다는 말도 들었는데 주로 재산깨나 있는 사람들이 그를 욕하는 소리였다.

우리나라 대통령으로서 처음으로 국회에서 탄핵 소추안이 통과되어 불신을 받는가 하면, 쌍까풀 수술을 해서 눈이 어색하기는 했으나 여전히 정직해 보이고 어린애같이 웃는 좋은 인상이었다.

그가 떠난 후 그렇게도 많은 사람들이 안타까워하고 추모하는 모습은 그가 얼마나 큰 사랑을 받고 있었는가를 잘 보여주었다. 이 땅의 시인 262명이 그를 추모 헌정하는 시집을 내었다.

나는 세상 사람들 중에 시인을 위에 둔다. 그들은 진선미에 민감하고 정직한 사람들 아닌가. 제목이 《고마워요 미안해요 일어나요》라는 546페이지의 두꺼운 책이다. 나도 그 시집을 샀다. 그는 갔으나 그의 죽음만큼 우리 국민들의 마음에 큰 상실감과 슬픔을 남겨준 이는 없었으리라.

요즈음 TV에서 탄핵 대상인 모 대통령의 얼굴을 자주 보는데 눈빛이 흐리고 손짓이 수상하다. 정직한 기운이 안 보인다. 수많은 말들이 매일 쏟아져 나오지만 그 얼굴에서 분명한 것을 찾아볼 수가 없다. 해맑은 그 무엇이 없다.

몇 년 전만 해도 청초하고도 미더워 보이는 모습이었는데 말이다. 탄핵이 되고 안 되고는 헌법기관에서 판사들이 결정할 일이지만 불명예로 퇴진하는 것은 분명해 보인다.

많은 이들이 새로운 대통령 후보로 나오고 있는데, 그들의 인상이 밝아서 좋다. 그들의 웃음과 희망과 해박한 지식과 큰 꿈이 좋다. 우리는 후보들을 놓고 이야기를 주고받기도 하는데, 어떤 이는 "요즈음 대통령 하겠다는 사람은 많은데 찍을 사람이 없어요"라고 한다. 나는 '왜? 나는 찍어 주고 싶은 사람이 여럿이라 걱정이네'라고 생각한다. "우리나라 정치는 형편없어요"라고도 한다. 그러나 나는 '아니, 우리나라 정치 발전하고 있어'라고 생각한다.

　제 부하 군대를 이끌고 쳐들어와서 총과 칼로 정권을 빼앗은 자들이 오래도록 다스리던 이 나라가 아니던가.

　나는 가까이에서 음식점에서 술김에 친구들과 "전두환 어쩌구 저쩌구" 하다가 잡혀가서 죽도록 매맞고 실려 온 친구 남편을 보았다. 그 가족이 얼마나 많은 고생을 했던가. 말도 함부로 할 수 없었던, 콩을 콩이라 말 못하고 팥이라 우기면 그대로 받아들여야 하던 때도 있었다. 요사이는 하늘 같은 대통령을 백주에 욕하고 씹어대도 누구 하나 상관하지 않는다.

　나는 요즈음 대선 주자들의 밝은 인상과 환한 웃음이 좋다. 그들의 경쟁도 기대된다. 정직해 보이고, 선견지명도 있는 것 같고, 열심히 공부해서 꿈을 성취한 이들이다. 그 끈질긴 노력, 그 능력이 돋보인다. 그들의 얼굴에는 자신감과 함께 맑은 기운이 있다.

　'저런 인상이면 정직하고 진실하리라.'

　나라를 대표하는 사람들은 제발 정직하고, 약한 사람들에게 연민을 가져 주었으면 한다. 얼굴에 드러난 것은 숨길 수 없는 것 아닌가. 좋은 마음은 그 얼굴에 드러난다. 인상은 숨길 수 없다.

과거 우리나라 백성에게 몹쓸 짓을 해놓고도 그 죄를 회개하기는커녕 계속 해코지를 일삼는 가까운 나라가 있다. 그 나라 총리의 얼굴이 TV나 신문에 자주 등장한다. 그 인상을 보라. 얼마나 음침하고 어두운 얼굴인가. 가면을 쓴 것 같지 않나. 도무지 살아 있는 사람 얼굴 같지가 않다. 정직을 삼켜 버리고 거짓으로 남에게 뒤집어씌우면 자신의 모습이 그렇게 된다. 그 인상이 보는 이에게 혐오감을 준다. 고약하다.

우리나라는 모든 면에서 희망이 있다. 그리고 정치도 발전하고 있다.

"동해물과 백두산이 마르고 닳도록 하나님이 보호하사 우리나라 만세."

어릴 때 말과 글자를 깨우치면서부터 이렇게 하나님을 의지하는 노래(애국가)를 부르는 백성이 세계 어디에 있는가. 대선 주자들의 얼굴이 거의 다 밝고 정직해 보여서 좋다. 빛이 오기 전에 어둠은 더욱 검어 보이지 않던가.

나는 우리나라와 함께해 주실 하나님을 믿고, 나라를 위해서 열심히 기도하려고 노력한다.

잡힌 손

여전히 열리지 않는다. 다급해지니 열쇠는 구멍 속에서 자꾸 헛돈다. 더 돌려보아도 걸리는 게 없더니 힘을 주어 꾹 누르니 툭 부러져 버린다. 교회 어린이들 공부방인데 준비물을 가지러 왔다가 일어난 일이다. 평소에 문을 잠가 놓으면 성가셔 하는 나를 아는 장로님이 바로 뒤따라오셨다. 그리고 사무실에 가서 여벌로 둔 열쇠를 가져와서 살살 돌리더니 어렵지 않게 문도 열고 부러진 열쇠 조각도 꺼낸다.

"난 왜 안 되지."

내가 혼자서 중얼거리자 "끈기와 인내가 있어야지요" 하신다. 맞는 말씀이다. 내게 부족한 그것은 끈기와 인내이다. 자라면서 부모님과 선생님한테서 자주 들었던 충고다.

그런데 나 자신이 생각해도 신통한 일이 있다. 신혼 초에 시어머니께서 성경과 찬송가를 주시면서 "주일이면 이 책 들고 빠지지 말고 교회 다니거라" 하고 당부하신 말을 지금까지 단 한 번도 어기지 않고 지킨 일이다. 이건 인내와 끈기에 속한 것 아닌가.

지금은 성경과 찬송가가 한 권으로 합쳐지고 겉표지도 가죽 같은 것으로 만들고 색과 디자인이 세련되었지만, 어머님이 주신 책은 그렇지가 않았다. 값싸 보이고 부피도 컸지만 그 책을 소중하게 간직하며 어머님의 말씀에 순종하여 지금껏 교회에 다니고 있다.

교회에 다니려면 치러야 하는 의식이 있는데, 세례식을 치르기 전에 학습이라는 게 있다. 세례받기 위해서 교육을 받으려는데, 나 혼자만 기혼자이고 나머지는 중·고생 같은 학생들이었다. 나는 그들과 어울려지지도 않고 어색했다. 마치 메뚜기를 잡으려는데 방아깨비 한 마리가 섞인 형상이었다.

학습을 담당하는 목사님이 차례차례 학습 받는 동기를 물어보았다. 아이들은 술술 대답을 잘도 했다. 누구의 인도인지, 누가 권유했는지 등등. 이제 내 차례인데 빨리 대답이 나오지 않았다. "유옥현 씨!" 큰소리로 내 이름을 불렀을 때 밑도 끝도 없이 "새싹이요"란 말이 내 입에서 불쑥 튀어나왔다. "누구의 인도를 받았다고요?" 다시 묻는데 "새싹 때문이라고요"라고 나는 큰소리로 대답했다.

나는 결혼하고 나서 얼마 안 되어 비행장 자리에 지은 집을 분양 받았다. 제법 터가 있어서 밭을 일구고자 땅을 파려는데, 그 땅이 어찌나 단단하게 다져졌는지 처음에는 호미질, 다음에는 괭이까지 동원해 보았으나 힘이 들어서 텃밭 일구기를 포기했다. 바쁘기도 하려니와 굳은 그 땅을 어찌 해볼 도리가 없어서 장맛비가 오면 나으려나 하고 그만두었는데, 한 모퉁이에 푸르스름한 것이 눈에 띄었다.

자세히 들여다보니 연두색 어린 새싹이 뾰족하게 올라오는 게 아닌가. 호미나 괭이가 닿지도 않았는데 말이다. 자세히 들여다보니 그것을 올려 보낸 흙 모양이 다르다. 누군가가 보드랍게 비벼 준 것 같다. 무엇일까? 바람이었나. 밤사이에 내린 이슬이었을까, 아니면 땅 밖으로 나오려는 지렁이 같은 벌레들이 맹렬하게 땅속을 파헤친 것 때문일까?

어찌 되었든지 흙은 보드라워졌고, 누군가가 무엇인가를 동원하여 연두색 어린 새싹을 올려 보냈다.

'이상하다, 네 힘은 아닐 터, 그 어떤 큰 힘이 있구나.'

그때의 그 놀라움, 그 신비함, 그래서 나온 것이 나의 대답이었다.

"새싹 때문이요."

학습을 마치고 세례를 받고 오래 다니다 보니 듣기에 좋은 호칭으로도 불리었지만, 내 삶은 '이렇게 잘 살아왔습니다'라고 내놓을 것은 없다. 늘 조급하고, 능력 이상으로 자신을 드러내려다 넘어져서 후회를 더 많이 하면서 살고 있으니까. 그런데 어머님이 내게 주신 성경책의 첫 시작에는 "태초에 하나님이 천지를 창조하시니라"는 말씀이 있다.

살아갈수록 나는 이 말씀이 좋다. 안심이 된다. 스스로 생각해도 한심한 일을 더 많이 한 '나'라는 존재도 만들어 주신 분이 계시지 않은가. 성경책을 읽는다든지 또 그 말씀을 배우기 위해서 나는 그 책을 늘 가까이에 두고 있다.

이야기 속엔 나같이 어리석은 자, 연약한 자, 의심 많은 자도 많이 나온다. 그런데 그들을 고쳐 주시고, 그들과 친밀하게 지내시는 창조주가 나온다. 그저 막연하고, 잘못하면 벌을 주는 두려움의 대상이 아니고, 매우 자상하고 친밀한 존재임을 깨닫게 해주는 책이다.

또 한 권의 책 찬송가는 나와 나를 지으신 분과의 대화를 도와준다. 내가 본래 말이 적은 사람은 아닌데, 그분에게 기도하려면 말문이 막히기도 하고 어수선한 생각들이 떠올라서 중언부언하고 제대로 말을 못한다.

그때 떠오르는 곡조들, 자주 들어서 익숙해지는 노래 가사 몇 마디가 도움을 준다. 노랫말을 가만히 음미해 보니 나의 하소연, 나의 소원이 그대로 담겨 있다. 다른 이가 내 마음을 대신해서 부른 노래를 따라 부르면 마음이 정리되어 기도를 시작한다. 나의 모든 것을 아뢴다. 부탁도 드린다. 더 나은 삶을 살지 못함에 죄송하다고 사과도 한다.

어머님이 주신 책은 오늘도 내가 그분의 손을 놓지 않고 잡을 수 있도록 나를 도와준다. 더욱 가까이, 문 앞에서 나를 직접 맞아 주실 그날까지.

지지 않은 꽃

 가까이 지내던 집사가 공무원 채용시험 공부를 한다고 노량진 학원가를 출퇴근하면서 고생할 때다. 고향에서 올라오신 그녀의 어머님은 나와 비슷한 연배로 기도하시는 분이었다. 그녀의 어머님은 딸에게 부모님 곁으로 내려가라고 충고 좀 해달라고 했다. 도무지 말을 듣지 않으니 나이 많은 친구인 내 말은 혹시 듣지 않겠느냐는 것이었다. 나는 부모님 곁으로 가라고 말했다.
 그녀가 가까이 없으면 아쉬운 것은 나였다. 컴퓨터를 가르쳐 주었고, 무엇보다 우리는 드물게 말이 통하는 친구였다. 만나면 대화가 끝없이 이어졌다. 하나님을 믿는 이야기, 자신을 비롯한 연약한 인간의 소행을 반성도 하고 위로하면서, 내가 하고 싶은 말을 다 하고 상대방의 이야기를 다 들어주었다. 우리는 비교적 자신을 솔직하게 드러내 놓을 수 있어서 좋았다. 그래도 나는 그녀에게 고향으로 내려가서 공부하라고 권할 수밖에 없었다. 주거비가 비싼 서울에서 생활비를 벌어 보려고 벌인 일이 손해만 보았기 때문이다.

그녀는 노량진 학원가로 간다고 했다. 자신과 경쟁하는 사람들은 갓 수능 시험을 마친 실력이 따끈따끈한 젊은이들이라 시험 준비에만 전력을 다하기로 했다는 것이다. 나도 공감하노라 하고 집에서 밥을 지어 먹이고 헤어졌다.

얼마 후에 부모님 댁으로 들어가서 시험 준비를 한다는 전화를 받고서 안심이 되었다.

일 년쯤 지났을까. 전화가 왔다.

"우리 스타벅스에서 만나요."

"거기 비싼데" 했더니, "형편이 되거든요" 하면서 웃는 게 아닌가. 만나자마자 우리는 손뼉을 마주치고 기쁨을 나누었다. 서울과 지방직 공무원 두 곳에 합격이 되었단다. 경쟁 상대들이 자신의 딸과 같은 젊은이들이라고 걱정을 하더니 마흔이 넘은 그녀가 해내었다. 다시 돌아온 딸을 곁에 두고 그 어머니는 얼마나 많은 기도를 드렸을까. 그녀 역시 희망을 버리지 않고 노력했다. 나이가 무슨 상관인가. 늦어도 꽃은 피었다.

목사님이 설교 중에 기도 응답을 받고 기뻐하는 교우를 소개했다. 요즘처럼 청년 취업이 어려울 때 아무개 집사 아들이 대기업의 마지막 면접시험까지 합격했다고 했다.

그 집사는 교회 안에 있는 피아노가 비어 있기만 하면 서툴고 요란하게 딩동대면서 혼자서 연습했다. 눈에 거슬려 하는 사람들도 있었지만, 몇 해 동안 혼자서 연습을 계속했다.

어느 날인가, 어린이 교실에서 반주를 하고 있는 그녀를 보고 놀라서 피아노 공부를 했느냐고 물었더니 제대로 해본 일이 없다고 했다. 그저 소원을 가지고 열심히 기도하고 혼자서 연습을 했단다. 그녀의 기도, 그녀의 작은 몸 어디에서 나오는지 모를 그 큰소리, 하도 크게 외쳐대어서 사람들은 그녀 옆에 앉기를 꺼렸는데, 이번에는 그녀의 아들이 취직이 되었다.

"성적이 좋았는데 명문 사립대학에 원서를 내면 다 떨어지더라고요. 할 수 없이 시립대학에 합격해서 다녔는데, 하나님이 우리 집 형편을 생각하셨더라고요. 등록금이 싸거든요. 졸업하자마자 대기업에 취직되리라고는 생각을 못했지요. 나는 열심히 기도했을 뿐이에요."

부러운 눈에 비친 그녀의 얼굴은 피어나는 꽃과 같았다.

KBS 대PD 장기오 씨의 수필집 《사라지는 것은 시간이 아니다, 우리다》(61페이지)에 있는 글이다.

사람들은 희망으로 산다. 빵이 없어도 자유가 없어도 살 수는 있지만 희망이 없으면 살 수가 없다. 좋은 일이, 내가 원하던 일이 그 언젠가는 이루어지리라는 희망을 보석처럼 끌어안고 고난을 견뎌낸다.

누구에게나 희망은 있다. 크건 작건 간에, 꿈꾸다가 스러지게 놓아 두기도 하고, 발 벗고 나서서 노력하기도 한다.
나는 꿈꾸는 편이지만, 믿고 기도하고 이루어 내는 이들의 아름다운 꽃을 보면 새 힘을 얻는다.
'나도 해보자. 기도하면서.'

집중

평소에 가까이 지내던 이가 나와 같은 부위가 아픈 적이 있다는 말에 더욱 친밀감이 생겨서 바짝 다가앉았다. 병원 다녀오는 길, 가로수 의자에서다. 너무 아프다고 했더니 자신도 얼마나 아팠던지 아파트 베란다에서 뛰어내리고 싶었다고 했다. 그 아픔의 표현이 절실해서 나와 같았다.

　같은 부위, 송곳 끝으로 쿡쿡 찔리는 듯한 이 아픔을 겪어보지 않은 사람은 모르리라. 그녀도 나처럼 이런 아픔을 겪었고 또 나았단다. 병원은 아니라 했다. 심하면 일단 수술을 하라 하는데 수술은 무섭고도 위험하다. 그녀는 어느 한의사에게 침을 맞고 나았는데, 그 한의원 위치를 기억하지 못하겠다고 했다.

　나는 집으로 돌아와서 여러 번 전화를 했다. 그녀는 나이가 들어서 기억을 잘 못하겠다고 했다. 나는 꼭 알려 달라고 거듭 부탁을 했다. 내가 바라는 것은 오직 그녀를 낫게 해준 한의원의 한의사를 만나는 것뿐이다. 나의 간절함이 통했는지 얼마 후에 오랜 명함집에서 주소를 찾았다고 연락이 왔다.

내가 그 한의원을 찾아 나서려는데 전화벨이 울렸다.

"우리 오늘 점심 식사 어디서 할까요?"

"무슨?"

얼마 전에 딸 또래와 식사 약속을 한 날이 바로 오늘이다. 내가 오로지 내 몸 아픈 것에만 집중하다 보니 일상의 모든 것이 희미해져 버린 것이다. 그런데 젊은이와의 약속 아닌가. 그 식사는 내가 먼저 제안했고 그녀는 응해 준 것이다.

나는 한의원 가는 것을 뒤로 미루어야 했다. 욱신욱신 쑤시는 것을 겨우 참으면서 그녀를 만났다. 그녀는 심상치 않은 내 표정이 마음에 걸리는 듯했다. 내가 만나자고 했을 때 자신이 한동안 교회에 출석하지 않은 이유를 허심탄회하게 털어놓겠다던 그녀는 그 타당성을 여러 가지로 설명했다. 그리고 내 안색이 나쁜 것을 자신의 행동에 동의할 수 없다는 표현으로 받아들인 것 같았다.

그동안 우리는 잘 통하는 사이였다. 책을 좋아하고, 같은 작가를 좋아하고, 무엇보다 우리는 주님의 몸 된 교회의 모든 것이 좋아서 잘 웃었고 나눌 이야기가 많았었다. 나이를 불문하고 친하게 지냈다. 그런 그녀가 교회에서 눈에 띄지 않는 기간이 길어졌다. 해외라도 나갔나 했더니 우리 교회 출석을 하지 않을 뿐이란다. 그래서 내가 정한 식사 약속이었다.

우리는 꼬막비빔밥을 잘하기로 소문난 집을 찾아갔다. 마침 그녀가 차를 가지고 와서 고마웠다. 몸이 아픈지라 내가 음식도 맛없이 먹고 대화에 시들하고 탄력이 적으니까, 그녀는 자신의 신앙과 교회관에 내가 동의하지 않는 줄 알고 열을 내기 시작했다. 그녀는 옳고 그름이 분명한 이론가다. 나를 설득하려고 열심히, 큰 목소리로 자신의 생각을 말했다.

나는 아파서 찡그리고, 그녀는 나의 동의를 얻으려고 더 큰소리로 떠들자 좀 떨어진 좌석에 앉아 있던 어떤 손님이 자신의 입술에 손가락을 대고 "좀 조용히" 하며 주의를 주었다. 스스로를 교양인이라고 자부하던 우리는 창피했다. 나는 그제야 "집사님, 실은 내가 아파서 그래요. 병원 가려다가 왔어요" 했다.

그녀는 깜짝 놀라서 내 옆으로 와서 나를 안으면서 어디가 아프냐고 물었다.

"오른쪽 허벅지."

내가 가리키자 그녀는 병원에 가자고 나를 일으켜 세우면서 수첩을 꺼내더니 "권사님의 오른쪽 허벅지"라고 적었다. '왜' 하는 시선을 보내자 "기도하려고요" 했다.

그녀는 나를 태우고 그 한의원을 찾아 나섰다. 그녀가 차를 몰고 가면서 그 한의원에 수차례 전화를 했으나 통화가 되지 않았다. 우리는 한의원을 겨우 찾았는데, 간판이 한쪽으로 찌그러져 있었고 주차장도 없었다. 그녀는 근처 커피점 스타벅스 주차장에 주차를 하고 커피점 안으로 들어갔다. 그녀는 자신이 한의원에 직접 들어가서 확인하고 온다면서 커피 한 잔을 사다 주고 나갔다.

바로 옆 건물 같았는데 꽤 시간이 흐른 후에 그녀가 나타났다. 그녀가 보여준 것은 "개인 사정으로 당분간 휴업합니다"라는 영상 속의 문장이었다. 일상의 모든 것을 뒤로 미루고 간절하게 찾고자 했던 그 한의원이 없어진 것이다.

오로지 내가 집중했던 것은 내 몸 아픈 것과 그것이 낫는 것뿐이었다.

"걱정 마세요. 제 기도 수첩에 적었으니까요. 우리 권사님 오른쪽 허벅지 낫게 해주시라고요."

내 몸의 아픈 부위가 그녀의 입을 통해 구체적으로 언급되자 웃음이 나왔다. 엄숙하고도 진지한 그 표정을 보며 "하하하" 계속 웃음이 나오는 동안 이상하게도 찾던 한의원을 못

찾은 실망감도 아픔도 사라졌다.
 그녀와의 만남은 피차간의 목적이 이루어진 건 아니지만 그녀는 자기 기도 수첩에 내 이름과 내 아픔을 추가 기록했고, 나는 헛된 집중에서 벗어날 수 있었다. 비로소 내가 집중해서 부탁해야 할 분을 찾게 된 것이다. 기도가 우선 아닌가.

책 읽는 행복

쓰레기를 버리고 있는데, 아파트 청소 반장이 부른다. "깨끗하게 추려 놓은 책들이 있으니 필요한 것 있으면 골라가세요" 한다.

나는 《배려》,《당신이 있어서 행복합니다》 이렇게 두 권을 골라 왔다.

내가 철이 들고 나서 깨달은 것은, 우리가 사는 현실에는 재미있는 일보다는 괴로운 일이 좀 더 많다는 것이다. 이때 내가 발견한 것이 책들이다. 책을 읽으면 우선 재미가 있다. 별천지에 온갖 사람들이 다 나와서 여러 가지 일을 겪고, 싸우고, 이기고…상상만 해도 즐겁다. 그래서 만족한 일들을 책에서 맛본다.

내가 고뇌와 야망으로 청춘을 앓을 때, 나의 현실은 나에게 매우 비협조적이었다. 나는 그때 괴로움에서 책 읽기를 도피처로 삼았다.

나는 도스토옙스키의 작품에 심취했다. 인간의 약점과 죄악과 번민 속에서도 신의 음성을 갈망하는 주인공들, 나는 그들에게서 신의 따뜻한 손길을 느꼈다. 구원의 소망은 어떤 경우에도 있다는 희망을 갖기도 했다.

나는 한동안 그의 작품만 읽어댔다. 심지어 미숙한 그의 습작까지도 구해서 읽었다.

직장을 다니면서 결혼을 하고 아이들을 기르게 되니 책에만 빠져 있을 여유가 없어졌다. 나는 바쁘고도 고달팠고, 단 하나뿐인 남동생의 가출로 친정의 짐이 보태진 상태지만 서점을 그냥 못 지나가고 신간이 나오면 사들고 와서 남편의 눈치를 보아야 했다.

나는 책에서 기쁨과 만족을 얻으니까 책은 골라서 읽는다.

내가 읽고 싶은 책은 인간에 대한 따뜻한 시선이 있어야 하고, 사랑과 구원이 이루어지는 내용이어야 한다. 현실에서는 어렵지만 책에서는 찾을 수 있다.

A. J. 크로닌의 《성채》, 《천국의 열쇠》 같은 책들이다.

《성채》에는 신념과 정의감에 차 있는 의사의 뜨거운 자기 헌신이 그려져 있고, 《천국의 열쇠》에는 종교는 오직 인간을 인도하기 위해서 존재한다며, 그것을 삶을 통해서 보여주는 신부님 이야기가 쓰여 있다.

나는 이런 책들에서 인간이 하나님의 형상으로 지음 받았음을 다시 확인할 수 있었고, 지음 받은 나도 지금은 제대로 살지 못하지만 가능성이 있다는 희망과 기쁨을 얻고 있다. 내가 할 수 없는 일들을 책에서는 얼마든지 즐길 수 있다.

여행기를 통해서는 세계 곳곳의 아름답고 신비한 풍경과 진기한 풍습, 다양한 사람들도 만날 수 있다.

나는 빌 브라이스란 여행작가의 《나를 부르는 숲》을 읽고 혼자서 입이 찢어지도록 웃었다. 혼자 읽기가 아까워서 내용을 옮겨 본다.

기다리기를 45분! 결국 카츠를 찾으러 나섰다. 날은 이미 어둑어둑해지고, 저녁의 냉기가 스며들기 시작했다. 여러 차례 그의 이름을 부르면서 걷고 또 걸었다. '아마 우리 할머니라도 여기쯤은 이미 왔을 텐데' 하는 생각이 끊이지 않았다. 굽이를 돌아가자 드디어 그가, 머리칼은 헝클어질 대로 헝클어진 그가, 지금까지 살면서 성인 남자에게서 볼 수 없었던 심한 히스테리 증세에 빠져 비틀거리며 발걸음을 내던지고 있었다. 그가 배낭에 매달아 놓았던 모든 물건들을 절벽 너머로 집어던졌다는 것을 한눈에 알 수 있었다. 아무것도 남아 있지 않았다. "뭘 버린 거야?" 나는 놀라지 않은 척 애쓰며 물었다. "빌어먹을, 더럽게 무거운 것들…페퍼로니, 쌀, 흑설탕, 스팸…빌어먹을, 몰라, 뭘 버렸는지. 하여튼 많이, 제기랄." "배낭을 들어줄게" 배낭을 들어보니 가볍기 그지없다. 다 버린 것이다. 무거운 제 몸뚱이를 빼놓고는.

주인공 브라이슨과 동행한 이 친구 카츠는 몸집이 무지 뚱뚱하고 먹을 것을 되게 밝히는 사람이다. 다음에 만나는 몸집 큰 여성 동행자를 만나서 겪는 이야기도 우습다.

나는 삶에서 못 찾는 웃음을 책에서 찾아내고 웃고 즐거워한다. 고달픈 인생길에서 그 웃음은 위로가 된다.

나는 이탈리아 작가 조반니노 과레스끼의 《신부님 시리즈》 10권을 사서 놓고 심란할 때 읽고 또 읽는다.

2차 대전 후에 이탈리아도 공산당 세력이 만만치 않게 일어나서 이념의 대립이 상당했던 모양이다. 그 책을 읽으면 나는 행복하다. 이념의 벽을 넘어서 화해와 평화를 역설한 내용이기 때문이다.

주인공은 기독교 민주당을 지지하는 돈 까밀로 신부와 공산당 읍장 빼뽀네, 그리고 십자가의 예수님이다.

이 소설을 번역한 역자는 이렇게 썼다.

이 작품을 번역하면서 가장 마음에 들었던 부분은 가난한 마을 사람들에게 줄 꿩을 밀렵한 돈 까밀로와 예수님의 대화였다. 가슴이 뭉클해지며 잠시 손을 놓고 있을 수밖에 없었다.
"죄송합니다, 예수님! 저도 제가 저지른 잘못 때문에 마음이 너무 괴롭습니다."
"돈 까밀로, 또 거짓말을 하는구나. 지금 네 마음은 내일 서른 명의 가난한 사람들에게 기쁨을 베풀어 줄 생각에 행복으로 가득하지 않으냐."
돈 까밀로는 제단에서 물러나 의자에 앉았다. 얼굴은 점점 더 창백해지고 이마에는 땀이 줄줄 흘러내렸다.
"일어나거라."
십자가에 매달린 예수님이 말씀하셨다.
"너의 죄를 사하노라."
돈 까밀로가 옳지 못한 일이라는 것을 알고 있으면서도 나쁜 일을 행할 수밖에 없었던 것은, 다른 어떤 것보다 사람이 우선되어야 한다는 과레스끼 철학이 낳은 주인공이다.

이 소설 속의 주인공들, 기독교 민주당을 지지하는 신부와 공산당 두목인 읍장은 서로 다른 이념으로 대결하고 있지만, 상대방이 위기에 처했을 때는 자신의 몸을 아끼지 않고 도와준다. 그들 가운데 예수님이 계신다. 마을에 어려운 사람이 있으면 서로 힘을 합해 돕고, 아무리 공산당 두목이라도 잘못을 저지르면 예수님 앞에 나와서 진심으로 뉘우치고 용서를 빈다.

"너희 죄를 사하노라."

예수님 대신 신부가 말해 주면 눈을 흘기면서도 좋아라 하고 물러가는 공산당원들.

웃음 짓게 하고, 마음이 따스해지는 소설이다.

우리나라는 세계 유일한 분단국가다. 본래 고상하고 지혜로운 우리 민족은, 가장 수치스러운 공산당을 북쪽에 두고 있다. 화해는커녕 겁도 없이 핵무기 개발을 했다고 세계를 위협하고 있다. 백성을 굶주리게 하면서. 남과 북의 이념 대결도 큰일인데, 동서의 대결 또한 만만치 않다.

이 소설 속의 주인공들처럼 오늘 우리도 이웃을 사랑하는 마음으로 엎드리면 "너의 죄를 사하노라. 내가 너희의 죄를 용서했듯이 너희도 서로 용서하며 살아가라" 이렇게 주님이 말씀하시리라.

좋은 소설은 현실의 고민에서 나를 구해 주고 아름다운 하나님 나라를 꿈꾸게 한다.

 책은 나에게 즐거움과 모든 가능성을 향한 상상의 날개를 달아 준다. 나는 쓰레기로 던져 버린, 제목도 훈훈한 책들을 집어오면서 내가 누릴 또 다른 즐거움을 기대해 본다.

추억

 종로 3가역에서 내려 조금만 걸으면 실버 영화관이 있다고 했다. 오래된 명화를 볼 수 있다기에 찾아 나섰다. 나처럼 길눈이 어두운 사람은 간판을 들여다보고 다니는데 '추억 만들기'라는 이름이 보였다. 식당 같은데 이름이 독특해서 친구와 내가 잠시 걸음을 멈추자 주인으로 보이는 사람이 문을 열고 나온다. 열린 문을 통해서 보이는 건 산더미처럼 쌓아 놓은 양은 도시락들이다.
 주인은 우리를 보고 어딜 찾느냐고 물었다. 실버극장이라 했더니, 바로 옆인데 시간이 어중간하니 가게 안으로 들어와서 상영 시간표를 보란다. 우리는 안으로 들어갔다. 흘러간 노래가 들리고, 노래를 소개해 주는 DJ도 있어서 식당이라기보다 음악 감상실 분위기다. 우리는 이왕 점심을 먹어야 했기에 음식을 주문했다. 예상대로 밥그릇이 양은 도시락인데 밥 한쪽에 반찬을 담았다. 하얀 밥 위엔 계란 프라이 하나, 소시지 한 쪽이 얹혀 있다.

조심스럽게 다가와서 밥과 국을 주고 가는 종업원들도 추억을 방해하지 않겠다는 듯이 조용히 움직인다. 낡아 보이는 도시락에 담아 준 밥과 반찬이 깔끔하고 맛이 있어서 다행이었다. 남의 추억을 챙겨 주려는 주인의 좋은 의도대로 식당이 잘 되었으면 좋겠다는 생각을 했다.

추억은 누구에게나 아련한 그리움을 불러일으킨다. 나이 든 사람들은 추억을 먹고 산다고도 했다. 어디 사람이 행복했던 일, 즐거웠던 일만 추억으로 남던가. 지나간 일들은 다 추억으로 뒤에 남는다. 오늘도 내일이면 추억이 된다.

얼마 전 교회 친구가 세상을 떠났다. 병원에 입원을 자주 하더니 쉽게도 갔다.

언제인가 그녀가 나에게 밤 11시가 넘어서 전화를 한 일이 있다. 내용인즉 내가 자기에게 무심하다는 것이다. 나는 아닌데 생각하고 변명을 하려는데, 예를 들어가며 막 퍼붓는데 경상도 말이라 말이 빠르고 격하게 들려서 어이가 없었다. 우리는 교회에서 같은 나이끼리 모여서 봉사도 하고 친교도 하는 모임에 함께했었다.

거기서 내가 자신에게 무심하다는 것을 알았다는데, 나는 무슨 말인지 잘 알아들을 수 없었다. 내가 아니라고 해도 우겨 댔다. 문득 그녀에게 할 말이 생각났다. 나는 어느 비 오는 날의 오후를 상기시켰다.

오전에 맑았던 날씨가 변해서 저녁때는 비가 주룩주룩 내렸다. 나는 교회에서 가까운 곳에 살기 때문에 잠깐 집에 들러 우산 몇 개를 챙겨 왔다. 집이 먼 친구들에게 빌려 주기 위해서였다. 그날도 우산을 나누어 주었는데, 그 친구에게는 새로 산 큰 우산을 주었다.

"왜 자기 것을 나를 주노?"

친구는 내가 들고 있던 헌 우산을 자신에게 준 우산과 바꾸려 했다. 나는 집이 가까우니 되었다며 새 우산을 들려 보냈다.

다음 날 날씨가 화창한데 친구는 거추장스럽게도 큰 우산을 들고 와서 나에게 돌려주었다. 내가 무슨 극성이냐고 나무라자 남의 새 우산을 돌려주지 않으면 안 된다고 했다. 그 후부터 오전에 개이고 오후에 비가 오는 날이면 특별히 그 친구에게 우산을 챙겨 주게 되었다.

나는 그녀의 불평을 다 들은 후에 "내가 비 오는 날에 누구에게만 우산을 챙겨 주었지?" 하고 물었더니 조금 있다가 "맞다" 했다. 나는 불쑥 "고마워"라고 말했다. "뭐가?"라는 퉁명스러운 그 질문에 답은 안 했지만, 늦은 밤 그녀의 불평하는 전화는 나이 들고 무능해져 내 존재의 정체성에 의문을 가지고 괴로워하던 나에게 위안을 주었다. 나 같은 자의 관심도 받고 싶어 하는 친구가 있다는 것이 얼마나 힘이 나고 고마운 일이던가.

나는 그녀의 운구차를 따라서 그녀의 몸이 누워 있을 고향까지 따라갔다. 주말이라 교통체증도 염려되고 거리가 먼 경상북도 시골이니 나이를 생각하라는 만류도 있었으나 육체가 흙으로 돌아가는 친구의 마지막을 보고 싶었다.

가는 시간을 날아가는 화살에 비유하기도 한다. 맞는 말이다. 내 친구가 세상을 떠난 날이 점점 멀어진다. 그녀와의 소소한 일상의 나눔과 대화들은 내가 살아가는 동안 내게는 추억으로 남으리라. 추억은 아련한 그리움을 불러온다.

오죽하면 '추억 나누기'라는 식당이 생겼을까. 누구에게나 추억이 있고, 그 추억으로 인해 그리움에 잠기고 싶어 하니까.

키 큰 내 아버지

　아버지는 내가 세상에서 제일 예쁘고 영리하다고 했지만, 그게 아니라는 사실은 내가 자라면서 곧 알게 되었다. 거울로 보아도, 다른 애들과 비교를 해보아도 아니었다. 내 아버지이니까 나를 그렇게 생각하고 있었음을 커서야 알게 되었다. 그러나 그로 인해 나는 기죽지 않고 늘 웃는 얼굴로 사람들을 대할 수 있었다.
　아버지는 내가 공부 잘하고 착한 애라고 했지만 그것 역시 아버지의 과찬이었다. 내가 초등학교 저학년 때였다. 시험을 잘 보았다고 큰소리를 쳤는데 막상 성적표를 받아보니 4등이라고 적혀 있었다. 나는 4자의 가운데 기둥만 남기고 양 옆을 지우개로 지워 1자로 만들어서 부모님께 보였다. 그 부분의 종이가 부풀고 지우개 흔적이 뚜렷해서 탄로가 났다. 정직하지 못한데다 기대에도 못 미쳤으니 어머니의 실망과 꾸중은 대단했는데, 아버지는 그냥 웃고 넘어가셨다. 아버지의 얼굴에 너그러운 기운이 가시지 않았다.

내가 학교 교지를 편집할 때다. 아버지가 기차를 타고 출판사까지 오셨는데, 선배들이 원고가 넘친다고 야박하게 내 글을 빼내 버렸다. 아버지는 내 글이 실리지 않았는데도, 편집위원이라는 이름에 내가 들어가는 것이 어디냐고 나를 달랬다.

내가 발령받은 초임 학교는 통근할 수 없는 지방읍이었다. 나는 선배들이 있는 집에서 하숙을 했다. 얼마 지나지 않아서 아버지가 나를 찾아오셨다. 나는 같이 있던 선배들을 따라서 모양도 내고 화장도 했다. 내가 얼굴에 흰 분을 바르고 운동장 나무 아래 기다리던 아버지 앞에 서자 "아이쿠, 우리 딸은 어디 가고 흰 여시(여우) 한 마리 왔네" 하시면서 "선생님이 되어가지고 저 모가지 때 좀 봐" 하셨다. 얼굴에만 흰 분을 발랐으니 목은 까맸을 거다. 나는 '모가지 때'라는 그 지적에 그 후부터는 얼굴과 목이 다른 화장은 하지 않게 되었다.

이런 아버지가 사업 실패로 오랫동안 집을 나가서 돌아오지 못했다. 딸에게 가족 부양을 맡겼으니 더욱 집에 올 수 없었을 거다. 스스로 죄인이라 여기면서 타관을 떠돌면서 고생을 많이 했다.

그때 생활비가 모자라는 가장의 무거운 짐에서 나를 벗어나게 해준 것은 독서였다. 나는 어려서부터 책 읽기를 좋아했다. 아버지가 나를 위해서 아낌없이 책을 사다 주었기 때문이다. 책은 읽고 나면 또 읽고 싶은 것이다. 어디서든지 눈에 띄는 책은 다 읽었다.

나의 학창 시절, 우리 학교 도서관에 내가 읽고 싶은 책으로 가득 차 있을 때가 있었는데, 그때는 시험 기간이었다. 빌려간 책들을 다들 반납하고 시험공부에만 매달렸기 때문이다. 나는 '이때다' 하고 그 기간에 읽고 싶은 책을 빌려다가 마음껏 읽었다.

우리 학교는 우수한 학생들이 모여 있었고, 졸업과 동시에 교사로 발령이 났다. 우리의 성적은 발령 받을 근무 지역과 직결되었다. 성적순으로 시에서 읍으로, 읍에서 시골로 이런 순서였다. 집에서 가까운 순서로 1, 2, 3등은 우리가 살고 있던 도청소재지, 다음은 인근 읍, 나머지는 시골이나 타도로 발령이 났다. 이런데도 공부 안 하고 밤새워 책 읽는 나를 아버지는 꾸중하지 않으셨다.

나는 교사 근무 중에 사서교사 교육을 받았다. 마침 근무하는 학교가 도서관 시범학교로 지정받아서 사서교사를 자청하고 나섰다. 그 무렵 조선일보사에서 교사 장편 수기 공모가 있었기 때문이다. 나는 담임을 맡지 않고 도서관 업무를 보면서 글을 썼다. "교단 삽화"라는 제목으로 내 교사생활과 삶의 애환을 글로 그려냈다.

장편 수기라 원고지 600장이 넘었다. 왠지 자신이 있어서 어머니에게 내가 꼭 당선된다고 말했다. 무거운 원고지 뭉치를 조선일보사에 우편으로 부치고 발표일을 기다렸다. 당선 발표일이 가까이 오는데 감감무소식이었다.

'떨어졌구나.'

당치 않은 자신감이 무참하게 무너진 시간들이었다.

당선 소식은 받지 못했는데, 그 당일의 신문에는 내 이름 석 자가 올라가 있었다. 최종심 3인 안에 들었던 것이다. 그때 바로 나에게 전화를 해준 사람이 나의 남편이 되었다. 그는 내 학교 선배로 수석으로 졸업을 해서 졸업과 동시에 도청소재지인 시에 발령을 받은 사람이다.

"축하합니다."

"떨어졌는데요."

"선생은 이미 인정을 받았습니다. 그 큰 신문사 응모에 최후

3인 중 하나로 이름 올린 것은 당선과 같은 거예요."

그는 내 무너진 자존심을 세워 주었다.

그 후 나를 집에 데려다주는 것을 보고 아버지는 그를 집안으로 불러들였다. '세상 드문 훌륭한 청년'이라는 평가를 받은 그는 나보다 우리 부모님이 서둘러서 곧 결혼을 했다.

그는 기독교인이었으나 자신의 종교를 내게 강요하지 않았다. 개똥철학이라고 불리는 잡다한 지식으로 가득한 나를 교회로 인도한 사람은 그가 아닌 시어머니였다. 시댁에 처음 들른 날 찬송가와 성경책을 내 손에 쥐어 주면서 "이 책 들고 교회 빠지지 말고 다녀다오"라는 말을 듣고 나는 절대 순종자가 되어 지금까지도 단 한 번 빠지는 일 없이 열심히 교회에 다니고 있다.

"종교는 자유다"라고 부르짖던 내 어머니와 키가 큰 내 아버지도 세상에 다시없는 사람들이라고 부르는 사돈과 사위를 따라서 교회에 나오게 되었다.

책 읽기의 시작은 내 아버지고, 그에 따라 글을 써서 신문사에 응모하게 된 계기는 책 읽기이고, 응모해서 나를 찾아 준 사람은 남편이고, 그 남편이 바로 내 친정부모를 교회 안에 들어오게 했다.

자기 딸에게 넓은 사랑을 보여준 내 아버지를 더 크고 크신 우주의 아버지께서 아들로 받아 주신 것이다. 아버지는 예수님을 영접하여 인생 살아오면서 겪은 모든 오욕에서 자유함을 얻었다.

아버지는 나와 동생 이렇게 남매만 두었는데, 친손과 외손이 여섯이 되었고, 다 건강하고 제대로 교육을 받았다. 그뿐 아니라 손녀와 외손녀의 사위들 중에는 아버지가 선호했던 직업, 의사가 둘, 변호사가 하나, 교수가 하나 있고, 모두가 교회에 잘 다니고 착실하게 살아가고 있다. 내 아버지, 그만하면 세상에서도 복을 받은 것 아닌가.

항상 함께, 삶을 열어주는 그 약속

나는 부흥집회 하는 교회를 열심히 찾아다녔다. 같은 교회 친구들과 함께 다녔는데 다섯 사람이 모두 자전거를 탔다.

어쩌다가 내가 처음으로 자전거를 배웠는데 한두 사람이 나를 따라 배우더니 다 자전거를 갖게 되었다. 살림하는 주부들이 사용하기에 빠르고 편리한데다 달리는 기분도 있어서 우리는 애용했다. 그날도 우리는 집회가 끝나자 나란히 자전거를 타고 길을 나서는데 저쪽에서 눈에 익은 모습이 보여서 주춤하고 멈췄다. 우리 교회 담임 목사님이 오고 계셨다. 전도사님과 같이 오시는데 교인 가정 심방 중이신가 보다.

우리는 자전거에서 내려서 일제히 절도 있게 인사를 했다. 집회에서 은혜를 받은데다 목사님을 만나자 기분이 고조되어 "부흥회에 다녀옵니다"라고 말했다. 인사를 받는 우리 목사님은 키가 크신데 아줌마 다섯이 각자 자기 자전거를 붙들고 일제히 고개를 숙여 큰소리로 외치니 지나가는 사람들이 걸음을 멈추고 우리를 바라보았다. 우리는 의기양양했고 목사님이 웃으셨다. 우리의 은혜 사모함과 그 열심이 인정받고, 열정을 보여드린 것에 만족하며 기분이 좋았다.

우리는 계속해서 부흥회를 쫓아 다녔다. 똑같이 자전거를 타고서 이 교회 저 교회를 찾아다니던 어느 날 전도사님이 나를 좀 보자고 하더니, "글자 모르는 분 아니니까, 이 책을 읽으면 좋을 거라네요"라는 말과 함께 목사님이 주셨다고 책 한 권을 주었다. 《최신 성서 핸드북》이라고 쓰인 두꺼운 책이다.

나는 여전히 부흥회를 찾아 다녔는데 어느 새벽 집회에서이다. 기사와 이적을 행한다는 말에 우리 교회를 제쳐두고 혼자서 찾아갔다. 부흥사 목사님이 이상한 말로 기도하면서 머리를 만지면 앉아 있던 사람들이 퍽퍽 쓰러졌다. 그것은 입신 현상이고 곧바로 영의 세계로 들어가는 거라고 했다. 쓰러지는 사람들의 수가 많아지자 남들처럼 나도 체험하고 싶었다.

집회를 인도하는 분이 점점 내가 앉아 있는 줄로 다가오자 바로 앞줄에 앉아 있던 이가 퍽 하고 쓰러져 누워버린다. 나는 기도를 하면서도 한쪽 눈을 뜨고 보았더니 내가 앉아 있는 줄은 그냥 지나쳐 가는 게 아닌가. 나는 기도가 모자라서인가 싶어서 하나님을 부르면서 열심히 기도드렸다. 초조하고 화도 나고 자책감도 들었다. "나도요, 나도요." 울부짖어 기도드리는데 누군가가 나의 뒤통수를 살짝 쳤다. 그것은 느낌이었는데 이상하게 웃음기가 묻어 있었다. '야, 너 뭐해? 뭘 달라는 거야?' 속삭임 같기도 하고 내 생각 같기도 한데 '네가 받은 선물 있잖아?' 하는 질문이다. '너에게 준 선물이 있을 텐데 네가 좋아하는 것' '책 읽기?' 이 깨달음에 나는 그 교회를 나와버렸다.

어스름한 저녁에 불도 켜지 않고 툇마루에 앉아서 나는 그 말씀을 읽었다. 마태복음 28장 20절 끝부분이다.

"…볼지어다 내가 세상 끝날까지 너희와 항상 함께 있으리라."

나는 좀더 자세한 설명이 필요해서 목사님이 주신 책 《최신 성서 핸드북》(헨리 할레이)을 폈다.

이것은 성서 전체에서 가장 좋아하는 구절이다.

나는 저자의 이 첫 문장에 주목했다.

예수는 부활하셔서 다시는 죽지 않으신다. 그는 지금도 살아 계시고, 그의 백성들과 함께 계시면서 항상 보호해 주신다.

우리는 한 사람이 수백만, 수십억의 사람들과 동시에 같이 있는 것을 이해하지 못한다. 그러나 이것은 신성이다. 예수는 가장 확실한 말로 "내가 너와 항상 너희와 함께 있으리라"고 말씀하셨다. 예수는 거짓말하지 않으셨다. 그는 혼자 중얼거리지 않으셨다. 그는 우리가 이해할 수 없어도 그가 항상 우리와 함께 하시는 것을 믿기를 원하셨다. 우리가 아무리 연약하고, 비천하고, 보잘것없어도 우리의 친구가 되어 주신다. 보이지 않아도 계신다. 바로 지금 계신다. 우리가 잠든 때에도, 내일 우리가 일할 때에도, 다음 주 다음 해에도 계신다. 우리에게 생명을 주시고, 우리와 동행하신다. 우리의 자세한 생명의 투쟁까지도 모두 감찰하시고, 우리를 그의 아버지의 집이 있는 영원한 행복으로 인도하시려고 무척 노력하고 계신다. 이것은 아름다운 꿈만 같다. 그러나 이것은 우리의 존재를 기초로 한 엄연한 사실이다.

'항상 함께 하기를 원하신다고. 주께서?'

출판 당시 수백만 부가 팔려 나갔고 그 당시 24판을 돌파해서 세계적으로 큰 호응을 받은 성서 해설서.
 내게도 믿음이 생겼다. '단순하게 믿자.' 나는 기도하기로 했다. 내 뜻대로 펼쳐지는 삶이 아님을 살아오는 동안 충분히 겪지 않았던가. 나는 세상 살아가기에 부족하고 어리석고 모자라고 연약한 내 자신을 잘 안다. 그러므로 혼자서는 살아낼 수가 없다. 주의 도움이 필요하다. 나는 일상사 하나하나를 구체적으로 시시콜콜 부탁하는 기도를 드렸고 그 기도는 응답 받았다.

  때로는 눈물이 어린다. 이 안도감과 행복, 그리고 감격 때문에 나는 살아가면서 고달프고 힘이 들 때, 외로움이 몰려올 때에 이 말씀을 크게 읽는다.

  내가 세상 끝날까지 너희와 항상 함께 있으리라.

(마태복음 28장 20절 중에)

희망

막내딸이 제일 먼저 생일 축하 문자를 보내왔다.

"생신 축하드려요. 오늘 즐겁게 보내자고요."

평소에 안 쓰던 경어를 쓰면서 제 큰아들과 함께 집에 오겠다고 한다.

나는 평소 이 손자와 이야기 나누는 것을 좋아해서 "너 언제 시간 있냐?"고 자주 물었다. "언제든지요." 대답은 시원했으나 만나기가 어려운 손자다.

손자는 초등학교부터 전교 어린이 회장을 하더니 중학교, 고등학교에 가서도 학생회장을 했다. 대학 입학은 수월했다. 학생부의 추천으로 유명 대학 몇 개 수시 합격 중에서 제 마음에 드는 학과를 골라서 갔다. 항상 바쁜 모양으로 좀처럼 만나기가 힘들었다.

  나는 생일을 축하해 주려고 온 손자에게 책이 나오자마자 달려가서 사서 읽은 김진명 작가의 《미중전쟁》이라는 소설집 1권 144페이지를 펼쳐 보였다.

  그라면 할 수도 있을 겁니다. 착한 대통령이란 별칭은 진실을 향해서만 달려온 그의 역정에서 나온 것일 테니까요. 국민이 북한의 방사포에 무방비로 노출된다면 모든 걸 내려놓고 돌아설 사람입니다.
사람 자체는 믿음이 가. 아베와는 됨됨이가 다르지. 하하 하하. 일전에 베를린에서 말이야, 아베가 세련되고 당당하며 뚜렷한 소신이 있는 데 반해 이 문재인은 어딘지 무뚝뚝하고 답답해 보였는데, 심리학자들이 매긴 점수에서 아베는 신뢰도가 겨우 36점 나왔다더군. 그런데 이 친구 문은 83점이야. 아마 거기 모인 정상들 중에서 메르켈과 같이 제일 높았을걸.

  그 책의 내용은 미국 대통령 트럼프와 틸러슨이 나누는 대화 형식이다. 반대당이라고 해서 함부로 찢고 까부는 데 이골이 난 지성인들도 있는데, 김진명 작가는 이렇게 그려 놓았다.

김 작가는 뛰어난 예지능력으로 많은 사람들을 놀라게 했다. 십수 년 전에 발표한 《싸드》라는 소설대로 오늘의 현실이 그대로 전개되고 있으니까. 나는 김 작가를 TV 토론에서 보았는데, 유난히 깊고 빛나는 눈길이 보통 사람이 아닌 예언자 같았다. 천재 작가들에겐 하나님이 예언의 영적 능력을 주신 것이 아닐까.

그가 그려낸 지금의 대통령은 믿음직하고 진실하다. 국민의 열망으로 뽑아낸 대통령을 함부로 말하는 무리 속에 내 주변에 무식하지 않은 사람도 섞여 있어서 '좌파, 빨갱이'라고 말해서 놀란 일이 있었다. 눈들이 어둡고 망령에 홀린 사람도 꽤 된다. 방송 출연을 제 마음대로 하는 야당 대표는 대놓고 좌파, 주사파 정부라고 비판했다.

각 당에서 뽑혀 나온 젊고 똑똑한 국회의원 네 사람이 TV에 나와서 대담하는 일이 있었다. 신선하고 지성을 갖춘 똑똑한 정치인들이어서 호감이 갔다. 자신의 소신과 비판이 자유로운 프로그램이었다. 각자 자기 당과 상대방의 당 대표에 대해서 이야기를 나누는데, 이 정부를 주사파라고 모략하는 야당 대표가 있는데, 진짜 주사파는 야당 속에 있다고 해서 모두 어리둥절했다.

누가 진짜 주사파냐고 묻자 바로 그 당 대표가 주사파란다.

사람이 평소에는 못해도, 술 먹고 주사를 부릴 때는 못할 말이 없는데, 그는 술주정 부리듯 할 말 못할 말을 다 뱉어내니 신종 주사파가 아니냐고 해서 모두 웃었다. 내 편 네 편 하고 당이 달라도 사람 보는 시선들은 건강했다. 정치의 앞날에 희망이 있었다.

내 손자가 말했다
"잘하고 있지 않나요? 놀랍지 않나요? 진득하고 참을성 많고 옳은 길만 고집하고 우직한 사람이 영악할 만큼 일 처리하는 걸 보세요. 누가 그의 브레인일까요?"
그때 옆에서 듣고 있던 딸이 "누구긴 누구야? '하'(하나님) 사장님이지"라고 했다. 우리 셋은 기분 좋게 웃었다.
개인의 일생이나 세계사에 우리 창조주 하나님께서 개입하고 계심을 인정할 때 힘이 생긴다고 믿고 살아가면 희망이 있는 것이다. 나는 막내딸의 희고 고운 이마에 생긴 주름살을 발견하고도 평소처럼 우울해지지 않았다. 여전히 범사에 하나님을 신뢰하며 살고 있지 않은가.
어려서부터 예쁜 축에 들었던 내 딸. 그 미모라도 변하지 않기를 바라면서도, 이 딸은 유난히 공들여 가르쳤다. 특기를 기르기 위해서 어려서부터 실기 레슨을 받았고, 행운도 따라서 크고 작은 대회에서 상도 많이 받아왔다. 예고 졸업생들이 재수와 삼수를 마다하지 않고 도전하는 대학에 단번에 합격했을 때는 세상을 모두 얻은 것 같았다. 그애가 대학 졸업과 동시에 결혼을 한 것도 행운으로 알았다. 그애가 다니던 큰 교회의 유력한 인사의 며느리로 뽑혔기 때문이다.

나는 교회 요직이라면 무조건 추앙하던 시어머니의 믿음을 본받았다. 그렇다고 말씀 순종은 잘 안 하면서 준비도 덜 된 딸을 선뜻 시집까지 보낼 필요가 있었을까. '모든 일이 잘되고 있어'라는 낙관주의와 터무니없는 오만함에서 나온 신중하지 못한 처사였다.

이후 딸에게 펼쳐지는 삶은 너그럽지가 않았다. 서툰 살림살이, 세 아이의 육아와 교육, 거기에 아르바이트까지. 항상 바빴고, 피곤에 지쳐 있었다. 제대로 된 직장도 없으면서 닦아 온 재능으로 교회 봉사도 마음껏 못했다. 교회는 멀었고, 너무 바빠서 기도도 제대로 할 수 없었다.

이런 딸이 하나님을 향한 신뢰가 변하지 않았음을 보여주었고, 그애 아들은 바르고 뚜렷한 소견으로 시국을 논하고 있다. 나이가 더 보태져서 심란한 생일이었는데 새로운 희망이 생기는 하루였다.

2부
/

삶을 열어주는 그 약속

시

은총

시멘트 틈 사이
몸을 내민 민들레

삶의 목마름이
가여웠는데

활짝 피고 보니
해를 닮았다

푸른 풀밭
희뿌연 가지 하나
다가서 보니

잘디잔 꽃망울들

이슬 닮은 송이마다
무지개가 스며 있다

빛을 만드시고
골고루 나눠 주신
그분은

나무마다
풀잎마다
각각의 무지개를
다 걸어주셨다

내가 나에게

힘이 없다고, 망가지는 거 아니냐고
한탄은 그만해라.
비 오는 날 쑤시고 더 아픈 건
흙으로 빚으셨으니,
물기 스민 흙이 묽어져서 허물어지는 것.

지으신 분의 호흡 한 번이면
생기로 다시 반짝이는 너.

신나고 행복하다고 어깨 들지 말거라.
비 오는 날, 개인 날, 날씨의 조화로 배우지 않나.
가만히 놔두면,

굳어 버릴 너를 위함이라.

잠시 비쳤다 스러지는 이슬이 부럽지만
스스로는 아무것도 할 수 없으니
영광도 치욕도 고스란히 겪어가면서
"아버지께서 내게 주신 자 결단코 내어쫓지 않으리"
이 말씀 붙들면서 견디는 거야.

교회

거기 죄인 많다고 소문 내지 마라.
말씀이 계신 곳
악이 뿌리 못 내린다.

여기 모두 착하다고 자랑하지 마라.
사람들이 모인 곳
천사는 없다.

그러나
내가 이곳에 와서
오래 엎드리면
내가 만든, 막힌 감옥 안에서

빛의 감촉에
눈이 뜨이고
단 한 분.
중언부언 내 음성에
귀 기울이시며
버리고 싶은 나를
다시 주워 주시는
단 한 분
그분이 계시는 곳이다.

주님께 나오면

나
매인 것, 붙들린 것 많아도
"오라" 하시니
다가갑니다.

나
마음 문빗장에 걸려
말이 막혔는데
말씀에 이끌려
옛 임금 다윗의 고백을 빌려서
아뢰었더니
들으시고 받아주십니다

나
내 안의 캄캄절벽 어둠 속에서
옛 상처에 아파할 때
내미는 손
보드랍고 따스한 손길들
다정한 눈빛 어여쁜 웃음들이
모이고 모여서
거룩하신 사랑으로 스며와
내 아픔 달래줍니다.

나
지닌 것은
미련함, 약한 것뿐이라
실패와 좌절로
때로는 부끄럽지만
"오라" 하시니
주님께 나왔더니

나는
내가 아니어서 참 좋습니다.

봄, 그리고 가을

화분 속 화초 옆에 돋아난 작은 풀
늦추위 찬바람에 움츠리는 꽃나무 밑에서
저 혼자 나풀나풀 잘도 자란다.
잡초라서 뽑을까 하다
연한 초록잎이 고와서 그대로 두니
어느 사이 꽃망울 하나 둘 매달아
별 같은 꽃들이 눈부시게 피어난다.
무엇이고 피지 않곤 못 견디는 봄이다.

가을
나무들이 벗기 시작할 때
푸르름도 고운 색도 다 바랜 나뭇잎들

가볍고 투명하니 맑고도 곱다.
탐욕의 무거움과 추함을 알고 나서일까?
훌훌 털고 떨어지는 모습, 참 부럽다.

다음 해 봄이 아름답고 풍족한 건
자신을 완전히 버려 땅에 쏟는 가을 때문이리.

소원

꽃들은 모두
빛을 향해서 피어납니다.
빛에서 받은 온갖 색채가
눈부십니다.

사모하는 마음
순종하는 모습이 꽃이 되어
빛을 바라듯이

나의 고개
나의 마음이
빛을 향하게 하옵소서.

습하고 눅눅한 곳
차디차게 식어가는 곳
어두워 캄캄한 곳일수록

그곳에 비춰 주시는
빛은 찬란합니다.

꽃들이
나무들이
태양 안에서 누리는 삶처럼

빛이신 당신을 통해
색 고운 꽃으로
향기로운 열매로 살고 싶은 소원을
당신은 알고 계십니다.

우리 함께

길가
풀 속을 찬찬히 들여다보니
그것들이 꽃을 피우고 힘을 기르면서
목마름은 이슬방울로,
나름대로 은총을 누리고 있다.
풀꽃을 꺾지 않고
씨 맺기 바라며 지나갈 때
내 속에서
웃으시는 분이 계셨다.

우리 마음이
혼란과 어둠에 엉켜 있어도

만나서
미소 주고받고
눈물 글썽이며
서로의 아픔을 들여다볼 수 있다면
심어 주신 씨앗들이 눈을 뜨리라.

생명은
어두움을 물리치고
싹이 나서 자라고 꽃피고
열매를 맺겠지
작은 풀 한 포기에도
관심이 있으신 분
너 그리고 나보다도
우리를 보시면서 크게
웃으시겠지.

손자

예쁜 것이 많아요.
꽃
별
이슬
그리고 그리고 둥근 달
하지만 그중 제일은
칭얼대고 떼쓰고 앙앙 울다
활짝 웃으며 안겨오는 너
아기

좋은 냄새 많아요.
프리지아

라일락

장미

봄바람

그리고 커피 냄새

하지만 그중 제일은

분홍 뺨, 입술, 겨드랑이

아기

네 냄새

보고 싶은 것 많아요.

바다

숲

찬란한 장미 꽃밭

하지만 그중 가장 보고 싶은 것

배꼽에 두 손 대고 공손히 절하는

인사법 처음 배운

우리 아기

네 모습

항상 함께

1판 1쇄 인쇄 _ 2020년 1월 30일
1판 1쇄 발행 _ 2020년 2월 5일

지은이 _ 유옥현
펴낸이 _ 이형규
펴낸곳 _ 쿰란출판사

주소 _ 서울특별시 종로구 이화장길 6
편집부 _ 745-1007, 745-1301~2, 747-1212, 743-1300
영업부 _ 747-1004, FAX 745-8490
본사평생전화번호 _ 0502-756-1004
홈페이지 _ http://www.qumran.co.kr
E-mail _ qrbooks@gmail.com / qrbooks@daum.net
한글인터넷주소 _ 쿰란, 쿰란출판사
페이스북 _ www.facebook.com/qumranpeople
인스타그램 _ www.instagram.com/qrbooks
등록 _ 제1-670호(1988.2.27)
책임교열 _ 오완·최가영

© 유옥현 2020 ISBN 979-11-6143-328-8 03230

책값은 뒤표지에 있습니다.
이 출판물은 저작권법에 의해 보호를 받는 저작물이므로 무단 복제할 수 없습니다.
파본(破本)은 구입처에서 교환해 드립니다.